Christian Dietrich

Tote und Tabu

Zur Tabuisierungsschwelle und (kommunikativen) Verbreitung des Antisemitismus in Deutschland

Christian Dietrich

TOTE UND TABU

Zur Tabuisierungsschwelle und (kommunikativen) Verbreitung des Antisemitismus in Deutschland

ibidem-Verlag
Stuttgart

Bibliografische Information der Deutschen Nationalbibliothek
Die Deutsche Nationalbibliothek verzeichnet diese Publikation in der Deutschen Nationalbibliografie; detaillierte bibliografische Daten sind im Internet über http://dnb.d-nb.de abrufbar.

Bibliographic information published by the Deutsche Nationalbibliothek
Die Deutsche Nationalbibliothek lists this publication in the Deutsche Nationalbibliografie; detailed bibliographic data are available in the Internet at http://dnb.d-nb.de.

∞

Gedruckt auf alterungsbeständigem, säurefreien Papier
Printed on acid-free paper

ISBN-10: 3-89821-933-X

ISBN-13: 978-3-89821-933-4

Printed in Germany

Für Carsta

Inhalt

Versuch eines Vorworts oder: Wie die kritische Wissenschaft zu einem antiquierten Projekt werden könnte

Wenn nicht so richtig klar ist, womit man sein Plädoyer für eine kritische Wissenschaft beginnen sollte, dann fängt man am Besten mit einem an, der nicht viel von kritischer Wissenschaft hielt, sie aber dennoch propagierte, mit Mao Tse-tung: „Die Umstände ändern sich ständig, und wenn unsere Gedanken stets der neuen Lage entsprechen sollen, müssen wir studieren."

Wissenschaft ist in ihren besten Momenten eine kritische Reflexion auf die Gesellschaft. Sie konzentrierte sich dabei oft nicht zu unrecht auf negative Phänomene menschlichen Zusammenlebens: auf Gewalt, Hass, Ausbeutung, Unterdrückung und Massenmord. Zu diesen Themen gehört - nicht zuletzt im Hinblick auf die Shoa - der Antisemitismus. Ihm wendet sich Christian Dietrich in der hier vorliegenden Studie zu. Dabei gewinnt er empirisches Material aus Halle und seinem Umland. Es ist nicht immer erfreulich, was er dort zu hören bekommt. Grundsätzlich ermutigend aber ist es, wenn Wissenschaftler sich kritisch mit dem Antisemitismus auseinandersetzen und somit die Ansprüche einer kritischen Wissenschaft von der Gesellschaft erfüllen, in einem herkömmlichen Vorwort würden an dieser Stelle weitere Lobeshymnen auf den Autor folgen. Hier sollen sie aber ausbleiben, der Leser oder die Leserin wird sich selbst ein Bild machen müssen. Vielmehr soll ein Blick in das Soziotop geworfen werden, in dem der Autor seine Arbeit verfasste: die Martin-Luther-Universität Halle-Wittenberg.

Bereits vor 40 Jahren schrieb Oskar Negt in seinem Aufsatz „Über die Idee einer kritischen und antiautoritären Universität": „[D]ie Fähigkeit der Übersetzung analytisch-wissenschaftlicher Sachverhalte in verschiedene Stufen anschaulicher, außerwissenschaftlicher Sprach- und Denkformen (...) entscheidet darüber, ob wissenschaftlich erfasste Zusammenhänge das Prozessdenken entwickeln und zur Motivation des kritischen, gesellschaftsverändernden Handelns beitragen oder lediglich das Erlernen der

Verwendungsregeln für wissenschaftliche Artefakte erleichtern."[I] Subtrahiert man von diesem Satz die marxistische Implikation, so eröffnet sich ein Plädoyer für eine kritische Wissenschaft der Gesellschaft.

Wie es aber um diese bestellt ist, zeigt exemplarisch der Blick an die Martin-Luther-Universität Halle-Wittenberg. Unlängst veröffentlichte der Rektor in der Universitätszeitschrift *scientia hallensis* 2/08 einen Artikel über das „Image einer ostdeutschen Hochschule".[II] Was war dort zu lesen? Motivation Diepenbrocks - über dieses Thema nachzudenken - war der sogenannte Hochschulpakt 2020. Im Rahmen jener Verwaltungsvereinbarung zwischen Bund und Ländern bekommen die „Neuen Länder [...] jährlich eine Pauschalsumme, um die jährlichen Studienanfängerzahlen auf dem Niveau des Jahres 2005 zu halten". Hier geht es vor allem darum, die „Akademisierung" der Bevölkerung zu erhöhen, ein klassisches Feld der Bevölkerungspolitik. Sinke die Studienanfängerzahl unter das Niveau von 2005, so werde auch besagte Pauschalsumme reduziert. Politisches Ziel sei es, einen erwarteten „Studentenberg" von West nach Ost zu verschieben. Diese Darstellung wird im Anschluss noch um einige, in der Werbeindustrie übliche Floskeln vom „positiven Image" bereichert.

Was sind das für Gründe, die einer positiven Außenwirkung der hiesigen Universität im Wege zu stehen scheinen? Zuerst geht Diepenbrock auf das ein, was hallische Soziologen mit dem Begriff „Systemumbruch" bezeichnen. Die Grundaussage lautet, dass Strukturen aus der Zeit der DDR „im Bezug auf Bildungsideale sowie Forschungs- und Lehrstrukturen" noch heute wirken, da sich die „gesellschaftliche Kultur" „nicht so schnell gegen eine andere austauschen lässt". Diepenbrock folgert: „Daraus ist abzuleiten, dass geschichtlich begründete Unterschiede in der Wahrnehmung durchaus weiterbestehen." Wahrnehmung oder Strukturschwäche, veränderte Bewertung oder Verbesserung des Studiums?

[I] Oskar Negt, Über die Idee einer kritischen und antiautoritären Universität, in: Detlev Claussen/ Regine Dermitzel (Hg.), Universität und Widerstand. Versuch einer Politischen Universität in Frankfurt, Frankfurt (Main) 1968, S. 166- 195, hier: S. 195

[II] Im Folgenden alle Zitate, so nicht anders angegeben, aus: Wulf Diepenbrock, Sei klug - studier in Halle!. Vom Image einer ostdeutschen Hochschule, in: scientia hallensis 2/2008, S. 8f.

Antwort darauf gibt der nächste Punkt, wonach der „Osten" „Indikator für zahlreiche Vorurteile" sei und in der Tat kann man dem Rektor der Universität an dieser Stelle zustimmen. Darüber hinaus kratzten „politische und soziologische [lies: soziale; C.V.] Entwicklungen der Nachwendezeit am Image der Ost-Universitäten": „Rechtsextremismus und Fremdenfeindlichkeit", die ebenfalls aufgeführt werden, sind allerdings bei weitem mehr als bloße „Imageprobleme". Dass Teile des urbanen Umfelds ostdeutscher Hochschulen *no-go-areas* für ausländische Studierende sind, wird aus den Statistiken der mobilen Opferberatungen ersichtlich. Dies ist ein Punkt, der Gegenstand des Nachdenkens kritischer Wissenschaft sein müsste und nicht nur Anlass zur Verbesserung der Außenwahrnehmung einer Hochschule bieten sollte.

Anschließend skizziert der Rektor, wie man diesen - wie er es nennt - „fatalen Trend" der falschen Wahrnehmung umkehren könne. Nicht eine „umfassende Image-Kampagne für den Hochschulstandort neuer Länder" sei die Lösung - dafür seien die hochschulspezifischen und regionalen Unterschiede zu groß -, sondern der Bezug jeder Hochschule auf die eigene „wissenschaftliche Profilierung in Forschung, Studium und Lehre sowie ihre regionale (städtische) Einbettung". Hierzu sei eine größere finanzielle Autonomie der Bildungseinrichtungen und im Gegenzug der Nachweis eines „schlüssigen Marketingkonzepts" notwendig. Dem Wunsch ostdeutscher Studierender, wie Diepenbrock an anderer Stelle einräumt, ihre Heimatregion nicht zu verlassen, soll „ein ganzes Bündel von attraktiven Angeboten" zur Seite gestellt werden. Die Hochschulen sollen zunächst ihre „Profile und Stärken" betonen. Es folgt ein Satz, der hier in voller Länge zitiert werden soll: „In diesem Sinne kann man Studiengänge und Graduiertenschulen mit spezifischen Ausrichtungen und attraktiven Alleinstellungsmerkmalen durchaus als ‚Produkte' ansehen, die nachfragegerecht anzubieten sind." Es ist fraglich, ob die Betonung „attraktiver Alleinstellungsmerkmale" noch Raum für eine kritische Wissenschaft bietet und so verwundert auch die Idee kaum noch, „Career-Services-Center" zu schaffen.

Am Ende seines Artikels übersetzt der Rektor die hiesigen „Alleinstellungsmerkmale" in eine jugendgerechte Sprache. Ein Beispiel: Der folgende Satz, „Du willst Deinen Prof. nicht erst zum Examen kennen lernen", soll auf die sehr gute Betreuungsrelation hinweisen. Durchaus unrealistisch ist es aber, „Du willst eine Großstadt mit Flair", allgemein auf das städtische

Umfeld ostdeutscher Universitäten zu beziehen, und der Slogan für kleinere Universitätsstädte, „Hier hast Du kurze Wege zwischen Bett, Bibliothek und Bier“, verstößt gegen das Verbot von Stabreimen in anspruchsvoller Prosa.
Die Imagekampagne „Sei klug, studier in Halle!“, die als Ergebnis der Überlegungen bezeichnet werden kann, kokettiert dann ebenso werbewirksam mit dem in Szene gesetzten Kopf einer jungen Frau. Hip soll die Universität sein und auf der dazugehörigen Internetpräsenz[III] finden sich 10 Gründe, die für ein Studium in Halle sprächen.
Auch hier fällt der Hang zu Alliterationen auf: "Lehre und Labor", "Vorbilder und Visionen", "Praktikum und Perspektive", "Bibliothek, Bier und Bett", "Tango, Tennis und Theater". Unerwähnt bleiben leider die Visionen des Namensgebers der Universität über den Umgang mit Juden. Das ist schade, wäre doch damit der erste Schritt für eine kritische Geschichtswissenschaft schon getan. So ist nur einer geringen Zahl hallischer StudentInnen die Existenz der folgenden Werke bekannt: "Brief wider die Sabbather an einen guten Freund" (1538), "Von den Jüden und iren Lügen" (1543) und "Vom Schem Hamphoras und vom Geschlechte Christi" (1544).

Es ist berechtigt, aus all dem zu folgern, dass es schlecht steht um eine kritische Wissenschaft. Auch wenn es selbstverständlich ist, dass ihr Ideal innerhalb einer verwertungsorientierten Gesellschaftsstruktur nie vollends erfüllt werden kann, ist augenscheinlich eine Verschlechterung der Situation möglich. Solch einen Prozess kann man gegenwärtig beobachten. Offenkundig geht es in der universitären Außendarstellung - und das nicht nur in Halle - keinesfalls mehr darum, kritisch zu analysieren, sondern um die Vermarktung von Produkten. Es ist leider nur ein kleiner Trost, dass aus diesem ungünstigen Umfeld eine solch gelungene Studie hervorgeht.

Christoph Valentin, im Oktober 2008

[III] www.studier-in-halle.de. Im Folgenden alle Zitate, so nicht anders angegeben, von dort.

1. Einführung
Zur Aktualität antisemitischer Einstellungen

„Der Antisemitismus ist das Gerücht über die Juden.“[1] Der Aphorismus aus den „Minima Moralia“ verweist auf zwei wesentliche Eigenschaften des modernen Judenhasses. Erstens auf dessen spekulativen und imaginären Charakter, er „ist das Gerücht“, zweitens auf seine kommunikative Streuung. Wie das neueste Thema im Dorf, das bald jedes Gemeindemitglied kennt, so findet auch der Antisemitismus seine Verbreitung über Kommunikation. Er ist insofern nicht erlebbar, sondern bleibt bloße Mutmaßung, bekannt gemacht innerhalb eines Teilbereiches der öffentlichen Sphäre.

Jürgen Habermas beschäftigte sich in seiner Habilitationsschrift „Strukturwandel der Öffentlichkeit“ mit der Entstehung und dem spätbürgerlichen Wandel einer nicht-privaten Sphäre gesellschaftlichen Lebens. Im Vorwort zur Ausgabe von 1990 schreibt er: „Die durch Massenmedien zugleich vorstrukturierte und beherrschte Öffentlichkeit wuchs sich zu einer vermachteten Arena aus, in der mit Themen und Beiträgen nicht nur um Einfluss, sondern um eine in ihren strategischen Intentionen möglichst verborgene Steuerung verhaltenswirksamer Kommunikationsflüsse gerungen wird.“[2]

Auf den folgenden Seiten wird ein Phänomen untersucht, das jener Kanalisierung von Kommunikation, aber wiederum auf ganz anderer Weise, entspricht. Auch wenn dabei auf geschichtswissenschaftliche, philosophische und sozialpsychologische Elemente zurückgreifen werden muss, um der Gefahr zu entgehen, sich dem Thema, die Tabuisierung des Antisemitismus, monodisziplinär und womöglich monokausal zu nähern, ist die vorliegende Studie klar soziologisch ausgerichtet. Die Beschäftigung mit dem Ressentiment verbindet Gedanken über die Öffentlichkeit mit öffentlichem Diskurs, Kommunikationsschwellen mit individuellen Einstellungen. Es scheint dem Autor daher unnötig mehrmals und an verschiedenen Stellen auf den spezifisch

---

[1] Thedor W. Adorno, Minima Moralia. Reflexionen aus dem beschädigten Leben, Frankfurt (Main) 2004, S. 125.

[2] Jürgen Habermas, Vorwort zur Neuauflage 1990, in: Ders., Strukturwandel der Öffentlichkeit, Frankfurt (Main) 2006, S. 11- 50, hier: S. 28.

soziologischen Gehalt dieser Untersuchung hinzuweisen. Ganz im Gegenteil wird eine interdisziplinäre Analyse auf der Grundlage soziologischer Forschung angestrebt. Dabei kann die Beschäftigung mit dem Antisemitismus als Vorurteil wie als Denksystem dem dienen, was allgemein als Rückschluss auf die Gesellschaft bezeichnet werden kann und aus guten Gründen mit dem „Gesellschaftskritik" etikettiert wird.

Die Idee für diese Publikation kam im August des Jahres 2007, als die Diskussion um das Thema „Rechtsextremismus" in den bundesdeutschen Medien nach den Jahren 2000 und 2003 einen erneuten Höhepunkt erreichte. Der Anlass für die mediale Beschäftigung mit dem xenophoben und antisemitischen Weltbild und die vermehrten Warnungen vor der NPD lag im Osten der Republik. Bei einem Stadtfest im sächsischen Mügeln kam es am 18. August zu einer Hetzjagd gegen acht Inder. Stärkeres Einschreiten gegen rechte Gewalt von Seiten der Lokalpolitik forderte daraufhin der Politikwissenschaftler Everhard Holtmann im Interview mit den Tagesthemen, doch sollte seine Forderung zunächst unbeantwortet bleiben. Einige Tage später kam eine Reaktion vom Bürgermeister der Kleinstadt, Gotthard Deuse. Er gab der rechtspopulistischen Wochenzeitung „Junge Freiheit" ein Interview und bekannte sich zur Nation. Eine breite Reaktion auf diese eindeutige Geste blieb bei gleichzeitig anhaltender Berichterstattung aus. Anders als in den Jahren zuvor kommentierte die ‚bundesdeutsche Öffentlichkeit' weder das Statement des Bürgermeisters von Mügeln, noch seine vermeintliche Untätigkeit gegen rechtsextreme Strukturen.
Als am 3. Oktober 2003 der Bundestagsabgeordnete der CDU, Martin Hohmann, in Neuhof während einer Rede zum Tag der deutschen Einheit die Einstellung von Entschädigungszahlungen an Opfer des Nationalsozialismus forderte und Juden unter Kollektivverdacht stellte, weil sie während der Oktoberrevolution 1917 in „großer Anzahl sowohl in der Führungsebene als auch bei den Tscheka-Erschießungskommandos aktiv"[3] gewesen sein sollen, führte dies zu seinem Ausschluss aus der CDU. Dabei sorgte der Fall nicht nur in den Medien für Aufsehen, sondern wurde auch im intellektuellen Milieu

[3] Zit. nach: http://www.heise.de/tp/r4/artikel/15/15981/1.html, Stand 1. September 2007.

wahrgenommen.[4] Höhepunkt des Skandals war die vorzeitige Beurlaubung des Brigadegenerals Reinhard Günzel im November 2003, der sich mit Hohmann solidarisiert hatte.

Ähnliches ereignete sich im Fall von Jürgen Möllemann, der infolge eines selbst herausgegebenen, antizionistischen Flugblattes im März 2003 aus der FDP austrat und im Juni desselben Jahres vermutlich Selbstmord beging. Möllemann hatte nach vermehrten Aussagen gegen Ariel Scharon und den Zentralrat der Juden in Deutschland sein Verständnis für palästinensische Selbstmordattentäter geäußert und war dadurch gesellschaftlich wie politisch diskreditiert worden.[5]

Diese drei Fälle sind nur Einzelbeispiele für die Aktualität und Brisanz des Antisemitismus und der Xenophobie in Deutschland. Beide, Antisemitismus wie Fremdenfeindlichkeit, treten dabei in den verschiedensten Variationen auf. Sie äußern sich manifest in Handgreiflichkeiten gegen Ausländer, sind versteckt in der übermäßigen Kritik an der israelischen Politik und führen zu Vergleichen und Pauschalisierungen, die von der ‚Schuld der Juden' und der ‚Schuld der Deutschen' sprechen lassen. Wie die Forschung über den Rechtsextremismus, der Antisemitismus und Xenophobie verbindet, bereits in den 1990er Jahren festgestellt hat, sind Antisemitismus, Fremdenfeindlichkeit, Antiziganismus usw. keine Randphänomene, sondern Einstellungen aus der sogenannten ‚Mitte der Gesellschaft'.[6] Obwohl Fremdenfeindlichkeit und Antisemitismus in den letzten Jahren vermehrt im „Verbund", also verdichtet als Weltbild auftraten, besteht zwischen ihnen eine erhebliche Differenz. Beruht die Fremdenfeindlichkeit auf dem Wunsch nach Homogenität, ist dem

---

[4] Ein Beispiel: In der Zeitschrift des Hamburger Instituts für Sozialforschung wurde Hohmann nicht nur Antisemitismus vorgeworfen, sondern zu Recht eine Verbindung zwischen seiner Rede und der Forderung nach einer deutschen Volksgemeinschaft gezogen. Vgl.: Michael Wildt, „Gemeinnutz geht vor Eigennutz". Ein kurzer Nachtrag zur Hohmann-Rede, in: Mittelweg 36, 01/2004, S. 88- 92.

[5] Vgl.: Lars Rensmann, Demokratie und Judenbild. Antisemitismus in der politischen Kultur der Bundesrepublik Deutschland, Wiesbaden 2005, S. 446- 452.
Durch Möllemann und Walser entbrannte der erste „Antisemitismusstreit" der Berliner Republik. Zur Dokumentation vgl.: Michael Naumann (Hg.), „Es muss doch in diesem Lande wieder möglich sein…". Der neue Antisemitismus-Streit, München 2002.

[6] Durch die umfassenden und eloquenten Studien von Wilhelm Heitmeyer zur „Gruppenbezogenen Menschenfeindlichkeit" lässt sich dies verifizieren. Wilhelm Heitmeyer, Gruppenbezogene Menschenfeindlichkeit. Die theoretische Konzeption und empirische Ergebnisse aus den Jahren 2002, 2003 und 2004, in: Ders. (Hg.), Deutsche Zustände. Folge 3, Frankfurt (Main) 2005, S. 13- 36, hier: S. 31f.

Antisemitismus die Zerstörung inhärent. Es geht, so heißt es in der „Dialektik der Aufklärung" sinngenäß dem Antisemiten nicht um die Ausgrenzung des Juden, sondern um dessen Vernichtung.

In diesem Sinne muss neben den Wahlerfolgen rechtspopulistischer und rechtsextremistischer Parteien, die auch in der politischen Landschaft immer wieder für Empörung gesorgt haben, die Studie von Susanne Spülbeck über die gefährliche Normalität stereotypen Denkens mahnen. Die Ethnologin wurde während ihrer Feldforschung, bei der sie die Integration russischer Juden im thüringischen Winterfeld erforschen wollte, immer wieder konfrontiert mit antisemitischen Stereotypen und Dorfgerüchten. „Ohne Zögern erzählt[en], nebenbei auf dem Bürgersteig, bei Besuchen oder bei Interviews"[7] die eingesessenen Einwohner von den illegalen Geschäften der Juden. Was sich zunächst noch unter Dorfgerüchten subsumieren ließe, wird ab dem Zeitpunkt antisemitisch, wo eine später zugezogene Gruppe Russlanddeutscher nicht mit derartigen Stereotypen belegt wurde. Besonders eindringlich wird Spülbecks Beobachtung durch die nüchterne Darstellung der offen auftretenden antisemitischen Einstellung der Bevölkerung.

Was in ostdeutschen Dörfern scheinbar zur Realität gehört, wird in der bundesdeutschen Öffentlichkeit scharf geahndet. Die Aussagen der Bundespolitiker Hohmann und Möllemann stießen nach einigen Tagen auf erhebliche Kritik und produzierten quasi reflexartige Einsprüche und Bekenntnisse zur vorurteilsfreien Demokratie. Anders die Reaktionen auf den Bürgermeister von Mügeln. Sieht man einmal von der wenige Wochen andauernden Medienaufmerksamkeit ab, hatten die Äußerungen von Deuse kein Nachspiel. Warum? Anzunehmen ist, dass ein Ausbleiben der Reaktionen zu begründen ist mit der Latenz, mit der antisemitische Vorurteile in Deutschland auftreten.

Von Reiner Erb und Werner Bergmann stammt das Konzept der „Kommunikationslatenz".[8] Sucht man nach Erklärungen auf die gestellte Frage,

---

[7] Susanne Spühlbeck, Ordnung und Angst. Russische Juden aus der Sicht eines ostdeutschen Dorfes nach der Wende. Eine ethnologische Studie, Frankfurt (Main)/New York 1997, S. 128.

[8] Vgl.: Werner Bergmann/ Rainer Erb, Kommunikationslatenz, Moral und Öffentliche Meinung. Theoretische Überlegungen zum Antisemitismus in der Bundesrepublik Deutschland, in: Kölner Zeitschrift für Soziologie und Sozialpsychologie, 38/1986, S. 223-246.

so stößt man über den Begriff des Tabus schnell auf ihren Erklärungsansatz. Bergmann und Erb beschrieben als erste die Funktion des Tabus antisemitischer Meinungen in der Öffentlichkeit. Beide vermuten, dass eine mögliche Ersatzkommunikation sich einem vermeintlich neutralen Objekt zuwenden müsse, um geäußert werden zu können. Grundannahme ihrer Arbeiten ist die Sanktionsfurcht bei öffentlich geäußerten antijüdischen Stereotypen. Um die eigene Meinung publik machen zu können und den vom Bewusstsein ausgehenden Positionierungsdruck zu mindern, bleibt dem Antisemiten nur die Umwegkommunikation.

In Anlehnung an diese Idee entstanden die neueren Arbeiten zur Aktualität des Antisemitismus. Wie Bergmann und Heitmeyer in einem gemeinsamen Text von 2005[9] annehmen, unterscheiden sich private und öffentliche Sphäre hinsichtlich der Kommunizierbarkeit antijüdischer Ressentiments grundlegend voneinander. Werden antisemitische Äußerungen in der Gesellschaft nicht geduldet, können sie in der geselligen Runde des Stammtisches oder Familienfestes, ohne Sanktionen befürchten zu müssen, kursieren. „Es ergibt sich eine Situation, in der antisemitische Einstellungen und öffentliches Antisemitismusverbot koexistieren."[10] Obwohl antisemitische Meinungen existieren, werden sie vor einem unbekannten Publikum nicht geäußert.

Anders verhält es sich im eigenen Bekanntenkreis. Menschen orientieren sich bei der Meinungsbildung an Informationen, die sie durch die Medien erhalten, beziehen sich auf eigene Erfahrungen und, einer der wesentlichsten Mechanismen der Meinungsbildung, lassen sich von den Meinungen ihrer Bekannten beeinflussen. Eine von Freunden herangetragene Sichtweise kann der Einzelne aufgrund der persönlichen Beziehung zu ihnen sehr viel schneller übernehmen, als er sich etwa auf der Basis eigener Recherchen eine Meinung bilden kann. Dass der individuell-empfundene Druck zur Übernahme einer gängigen Gruppenmeinung und zur Leugnung eigener Ansichten führen könnte, belegt Asch in einem außergewöhnlichen Experiment, in dem „über 30% der

---

9 Vgl. weiterführend: Werner Bergmann/ Wilhelm Heitmeyer, Communicating Anti-Semitism- Are the ‚Boundaries of the Speakable' Shifting?, in: Moshe Zuckermann (Hg.), Anti-Semitism – Anti-Zionism – Criticism of Israel, Tel Aviv Yearbock for German History, Tel Aviv 2005.

10 Aribert Heyder/ Julia Iser/ Peter Schmidt, Israelkritik oder Antisemitismus? Meinungsbildung zwischen Öffentlichkeit, Medien und Tabus, in: Heitmeyer (Hg.), Deutsche Zustände 3, S. 144- 165, hier: S. 155.

Versuchspersonen [sich] beim Schätzen von Linienlängen dem Konformitätsdruck der Gruppe beugten und somit ein sichtbar falsches Urteil abgaben."[11]

Der Graben zwischen Öffentlichkeit und Bezugsgruppe ist in diesem Punkt so breit wie zwischen Sanktion und Anerkennung. Während wir demnach wissen, dass es erhebliche antisemitische Vorurteile gibt, ist es fast unmöglich diese objektiv, valide und reliabel zu bestimmen. Besonders die Frage nach der Wirkung eines sozialen Drucks außerhalb der Bezugsgruppe ist in der Antisemitismusforschung noch unbeantwortet geblieben. Mit ihr verbindet sich die zweite Frage, ob „sozialer Druck dem Antisemitismus erfolgreich entgegenwirken kann"[12]. Beide Ungewissheiten bedürfen der Klärung. Ihre Beantwortung kann nicht nur wissenschaftliches Ergebnis, sondern könnte darüber hinaus Präventionsmaßnahme sein. Um aber glaubwürdige Antworten geben zu können, ist es unumgänglich, näheres über Tabuisierungsgrenzen des Antisemitismus zu erfahren.

Diesem Problem soll sich im Folgenden zugewandt werden. An welcher Stelle und mit welchen Argumenten werden antisemitische Einstellungen vorgetragen; findet man diese, so wie Bergmann und Erb es vermuteten, projiziert auf scheinbar außenstehende Objekte und ab welchem Grad der Öffentlichkeit finden sich Tabuisierungsschranken? Will man diese Gedanken adäquat zu Ende denken, benötigt man empirisches Faktenmaterial zur Untermalung der theoretischen Konzepte. Dazu sollen im Folgenden Gruppeninterviews ausgewertet werden, die im Sommersemester 2008 gesammelt wurden, um mehr über die Kommunizierbarkeit antisemitischer Ressentiments zu erfahren. Eine Gesprächsanalyse kommt aber ohne theoretischen Bezug genau so wenig aus, wie ohne Operationalisierung. Bevor sich in einem zweiten Schritt der Auswertung genähert wird, muss zunächst der theoretischen Rahmen abgesteckt werden. Die hierfür relevanten Ungewissheiten lauten: Was ist Antisemitismus und wie kann sich das Ressentiment gegen Juden ausdrücken? Welche Chiffren des Antisemitismus existieren in der Bundesrepublik und was lässt sich zu dessen Geschichte sagen? Theoriegeschichtlich müssen zwei Ansätze

---

[11] Kirsten Endrikat/ Rainer Strobl, Ambivalenz der Anpassung. Menschenfeindliche Einstellungen im sozialen Bezugskontext, in: Heitmeyer (Hg.), Deutsche Zustände 3, S. 92–107, hier: S. 93

[12] Ebd., S. 105

besprochen werden, auf denen die neuere Antisemitismusforschung aufbaut: das Konzept der Autoritären Persönlichkeit als eine sozialpsychologische Analyse und der Entwurf der antisemitischen Semantiken, der von Klaus Holz in Anlehnung an die Systemtheorie Niklas Luhmanns entwickelt wurde und vorgibt, rein soziologisch zu sein. Die geeignete Mischung aus beiden Theorien ermöglicht eine Auswertung qualitativer Daten in zwei Richtungen, eine, die auf Charakter und Bewusstsein des Sprechers abzielt, und einer weiteren, in der Sinnstrukturen wiedergegeben werden können.
Nach dem theoretischen Hintergrund und der eingeschobenen Frage, was eigentlich unter einem Tabu zu verstehen ist, wird auf die Interviewergebnisse eingegangen. Die Grundthese lautet hier, dass die Tabuisierungsgrenze des Antisemitismus in homogenen Kleingruppen geringer ist als in heterogenen Kleingruppen.
Aus leserfreundlichen Gründen wird das Kapitel über das methodische Design der Untersuchung und den Interviewsequenzen nachgestellt. Ein solches Unterfangen ist im wissenschaftlichen Betrieb zwar unorthodox, erlaubt es aber Theorie und Datenmaterial direkt zu verbinden. Methodisch uninteressierte Leser haben so zudem die Chance, den ‚methodischen Ballast' zu übergehen.

Lars Rensmann schreibt in seiner Arbeit „Kritische Theorie über den Antisemitismus" von der Notwendigkeit des dialektischen Denkens, das ohne Widersprüche nicht zu machen ist. Widersprüche sind „objektiv-strukturelle Gegebenheit"[13] und müssen sich in der Analyse des Antisemitismus wiederfinden. Antisemitismus als irrationaler Affekt gegen die Moderne, den Kapitalismus oder die Individualität, kann mit wissenschaftlichen Methoden der Ratio kaum vollständig erklärt werden. Rensmann schlägt mit Rückgriff auf Adorno[14] vor, „das Objekt seinem spezifischen Gehalt nach zu erkennen"[15], und so die äußeren Widersprüche, die zu inneren werden, als gesellschaftlich notwendig zu betrachten. Eine kritische Theorie über den Antisemitismus heißt

[13] Lars Rensmann, Kritische Theorie über den Antisemitismus. Studien zu Struktur, Erklärungspotential und Aktualität, Hamburg 1998, S. 26.
[14] Der hat in „Kulturkritik und Gesellschaft" auf die Gefahr der instrumentalisierten Kritik hingewiesen.
Vgl.: Theodor W. Adorno, Kulturkritik und Gesellschaft, in: Ders., Gesellschaftstheorie und Kulturkritik, Frankfurt (Main) 2003, S.46 - 65, hier: S. 63.
[15] Ebd.

für ihn nicht nur in der Materie zu stecken, also Theorien rein deskriptiv zu verwenden, sondern selbst Materie zu sein, Theorien aus dem Gegenstand heraus weiterzuentwickeln. Auch wenn der Einwurf eher theoretischer Natur ist und hier besonders die Empirie angesprochen werden soll, so fühlt der Autor sich dem, was Rensmann „dialektische Kritik" nennt, verpflichtet. Vorrangig sollen auf den nächsten Seiten keine Theorien geprüft, keine Arbeitsthesen getestet und keine Ansätze gegeneinander abgewogen werden. Es geht um die Analyse eines gesellschaftlichen Phänomens mit den Instrumenten, die die Antisemitismusforschung bereithält. Das ist der Beitrag, der geleistet werden soll.[16]

2. Antisemitismus, was ist das? Eine Begriffsbeschreibung

Man könnte an dieser Stelle Robert O. Paxtons Vermutung zustimmen, der dem Begriff des Faschismus für unwissenschaftlich hält, weil er inflationär gebraucht wird. „Jeder ist für irgendwen der Faschist."[17] Wo Faschismus nur noch als Schimpfwort fungiert, da ist das Wort selbst tatsächlich inhaltsleer und unbrauchbar geworden; und so wie die Faschismusforschung immer wieder den wissenschaftlichen Terminus definiert, um ihn nutzen zu können, muss sich auch die Antisemitismusforschung in die Lage versetzt sehen, zunächst klar umreißen zu müssen, worum es beim Antisemitismus eigentlich geht.

Tut man dies, so besteht ständig die Gefahr eines statischen Begriffskataloges, der einen dynamischen Prozess, wie er beim Antisemitismus immer wieder

---

[16] Ein Wort noch vorweg. Wenn ich auf den folgenden Seiten meist auch nur die männliche Sprachform verwende, etwa bei der Formulierung „des Antisemiten", so soll damit auch zugleich der weibliche Bezug gemeint sein. Keinesfalls möchte ich missverstanden werden bei der Aussage, dass Antisemitismus ein gesellschaftliches Problem darstellt. Antisemitische Einstellungen finden sich bei Männern und Frauen und spielen mit Geschlechterrollen. Der Einfachheit und Lesbarkeit aber, möchte ich auf die inhaltlich sinnvolle Endung „-Innen" verzichten. Vgl. zur Verbindung Antisemitismus und Geschlecht: Christina von Braun, Der Körper des ‚Juden' und des ‚Ariers' im Nationalsozialismus, in: AG GENDER-KILLER (Hg.), Antisemitismus und Geschlecht. Von ‚maskulinisierten Jüdinnen', ‚effiminierten Juden' und anderen Geschlechterbildern, Münster 2005, S. 68- 80.

[17] Robert O. Paxton, Die fünf Stadien des Faschismus, in Mittelweg 36 1/2007, S.55- 80, hier: S. 64.

beobachtbar ist, nicht entsprechend berücksichtigt und den Anforderungen einer Definition daher nicht gerecht wird. Einen Antisemitismusbegriff auszuloten, der auf die nationalsozialistischen Stereotypen eingeht, würde blind machen für das „paradoxe und perverse Novum des Antisemitismus nach 1945", der „Auschwitz zur neuen Quelle eines *sekundären Antisemitismus* werden"[18](Hervorhebung im Original) ließ. Ähnlich erginge es einer auf der Basis nationaler antisemitischer Ausschreitungen erarbeiteten Definition, die den Antizionismus links liegen lässt. Umgehen lassen sich diese Schwierigkeiten mit mehreren, ineinander verzahnten Beschreibungen.[19] Es ist somit ein Begriffskatalog notwendig, der die wesentlichen Grundzüge des Antisemitismus kompakt wiedergibt. Damit unter Antisemitismus mehr verstanden werden kann als das einfache Bild vom „raffenden" Juden, lohnt sich eine Dreiteilung in primären, sekundären Antisemitismus und antisemitischen Antizionismus.

Ein Wort noch vorweg. In einem von Ernst Simmel herausgegebenen Sammelband schrieb Max Horkheimer, dass jeder „Begriff, den wir bei unserer Untersuchung des Antisemitismus verwenden, (...) soziale, psychologische und philosophische Implikationen"[20] hat. Das trifft nach wie vor und natürlich auch auf die nun folgenden Begriffe zu. Ihnen eigen ist die irrationale Tendenz des Antisemiten „den Juden [zu hassen], weil er glaubt, dass der Jude an seinem Unglück schuld ist."[21] Gibt es ein Kontinuum im Auftreten des Antisemitismus, dann in der sozialpsychologischen Betrachtung. Wird die unreflektierte Projektion im antisemitischen Antizionismus ins Unbewusste verdrängt, so

---

[18] Thomas Haury, Zur Logik des bundesdeutschen Antizionismus, in: Léon Poliakov, Vom Antizionismus zum Antisemitismus, Freiburg 1992, S. 125- 159, S. 133.

[19] Meine Darstellung orientiert sich weniger an kulturellen Besonderheiten. Diese sind notwendig für die Rekonstruktion spezifischer antisemitischer Codes innerhalb einer national verfassten Gesellschaft, hier können sie vernachlässigt werden. Vgl.: Stefan Garsztecki, Antisemitismus in Polen – Geschichte und aktuelle Tendenzen, in: Fritz Bauer Institut (Hg.), Grenzenlose Vorurteile. Antisemitismus, Nationalismus und ethnische Konflikte in verschiedenen Kulturen, Frankfurt (Main)/ New York 2002, S. 189- 218, hier: S. 190ff.
Vgl. auch: Frank Bajohr, „Unser Hotel ist judenfrei". Bäder-Antisemitismus im 19. und 20. Jahrhundert, Frankfurt (Main) 2003, S. 153f.

[20] Max Horkheimer, Der soziologische Hintergrund des psychoanalytischen Forschungsansatzes, in: Ernst Simmel (Hg.) Antisemitismus, Frankfurt (Main) 2002, S. 23-34, hier: S. 24.
Für einen psychoanalytischen Forschungsansatz ohne marxistische Prägung vgl.: Rudolph M. Loewenstein, Psychoanalyse des Antisemitismus, Frankfurt (Main) 1971.

[21] Ernst Simmel, Einleitung, in: Ders. (Hg.), Antisemitismus, S. 12- 19, hier: S. 15.

fungiert sie im sekundären Antisemitismus als Mechanismus des Leugnens. In beiden Chiffren des modernen Antisemitismus aber finden wir das Moment der unreflektierten Zuschreibung von Verhaltensweisen und eigenen Schwächen auf Juden. So offen geäußert wie bei Heinrich von Treitschke, dem Vertreter des primären Antisemitismus, findet man dies nur selten. Aus chronologischen Gründen wird daher mit der Analyse des primären Antisemitismus begonnen.

2.1. Der klassische Antisemitismus

Unter dem Einfluss zunehmender naturwissenschaftlicher Erklärungen für sozialwissenschaftliche Phänomene kam es in der zweiten Hälfte des 19. Jahrhunderts zum Antisemitismus als Denkschema. Bereits im Christentum des Mittelalters existierte zwar die Figur des „wuchernden Juden“ als zinsnehmenden Christusmörder, wie man ihn aus Erzählungen Martin Luthers her kennt[22], aber erst im 19. Jahrhundert wurde die Biologisierung dieses Stereotyps betrieben. Fortan entwickelten sich Judenbilder, die Erfahrungen der Moderne beantworteten mit einer Stilisierung der Natur als dem Gesunden, Anstrebenswerten und Wahrhaftigen. „Juden wurde meist vorgeworfen, sie hätten keinen Sinn für die Natur, und Szenen von Juden, die einen Berg besteigen oder auf einem Pferd reiten, sind in der europäischen Literatur selten.“[23] Zusammen mit dem Drang, neben den Ursprüngen des Menschen auch nach Klassifizierungsmerkmalen zu fragen, entwickelte sich aus der ursprünglichen europäischen Anthropologie eine weitere Strömung, die der Antisemiten. Von der etablierten Anthropologie unterschied sie sich durch die Beantwortung der Frage nach Merkmalen einer „Art“. Ging im späten 19. Jahrhundert noch eine Mehrheit der Wissenschaftler davon aus, dass sogenannte „Rassemerkmale“ noch aus Umwelteinflüssen resultieren, postulierten rassistische und antisemitische Wissenschaftler sie als vererbt und schufen mit

---

[22] Vgl.: Heiko A. Obermann, Wurzeln des Antisemitismus. Christenangst und Judenplage im Zeitalter von Humanismus und Reformation, Berlin 1983, S. 150ff.
[23] George L. Mosse, Die Geschichte des Rassismus in Europa, Frankfurt (Main) 2006, S. 15.

ihrer Argumentation einen tieferen Graben zwischen den unterschiedlichen Volksgruppen.[24]

Unter Rückgriff auf diesen Biologismus erklärten frühe Antisemiten die Moderne als Sieg des dekadenten Juden über den ehrlichen Arier, der seiner Natur nach edel, wild und gleichzeitig pflichtgehorsam sei. Diese zivilisationspessimistische und widersprüchliche Einstellung findet sich bei fast allen antisemitischen Schriften des ausgehenden 19. Jahrhunderts.[25] Beispielhaft sollen hier einige genannt werden. Wilhelm Marr beschrieb 1879 in „Finis Germaniae" den Untergang des Arischen und stilisiert ein Bild vom raffgierigen Juden, welches von Edouard Drumont in „La derniére Bataille" wieder verwendet wurde. Den „Vater des Rassismus" und Autor von „Foundations of the 19th Century", Houston Steward Chamberlain, interessierte vorrangig des Ursprüngliche des deutschen Volkes, das dem entgegenstand, was er im „jüdischen" England täglich beobachtete.[26]

Als einer der bedeutendsten deutschen Antisemiten muss Heinrich von Treitschke genannt werden, der im November 1879 mit dem Artikel „Unsere Aussichten" den „Berliner Antisemitismusstreit" auslöste. Dabei knüpfte Treitschke an den von Marr kreierten Begriff „Antisemitismus" an, der Wissenschaftlichkeit vorgaukelte und explizit mit dem mittelalterlichen Antijudaismus brechen wollte. „The term still served during the years 1879-80 the purpose which the term ‚anti- Zionism' serves today – evading the accusation of engaging in something improper."[27] In seinem Text formulierte Treitschke den berühmten Satz, der später von den Nationalsozialisten wiederentdeckt wurde und hier zitiert werden soll.

---

[24] Vgl.: Ebd., S. 43.

[25] Vgl.: Alan E. Steinweis, Studying the Jew. Scholarly Antisemitism in Nazi Germany, Cambridge/ London 2006, S. 65ff.

[26] Robert S. Wistrich, Der alte Antisemitismus in neuem Gewand, in: Doron Rabinovici/ Ulrich Speck/ Natan Szaider (Hg.), Neuer Antisemitismus? Eine globale Debatte, Frankfurt (Main) 2004, S. 250- 270, hier: S. 253.

[27] Moshe Zimmermann, Wilhelm Marr. The Patriarch of Antisemitism, Oxford 1986, S. 94, zit. nach: Klaus Holz, Nationaler Antisemitismus. Wissenssoziologie einer Weltanschauung, Hamburg 2001, S. 166.

„Bis in die Kreise der höchsten Bildung hinauf, die jeden Gedanken kirchlicher Unduldsamkeit oder nationalen Hochmuths mit Abscheu von sich weisen würden, ertönt es heute wie aus einem Munde: die Juden sind unser Unglück!“[28] Diese Textzeile reproduziert den Antisemitismus, indem die bedeutende Sequenz, „die Juden sind unser Unglück“ als Wahrheit präsentiert wird. Wie Klaus Holz richtigerweise anmerkt, konstruiert Treitschke hier mit der Redewendung „aus aller Munde“ die trotz vorhandener Bildungsunterschiede in sich homogene Wir-Gruppe. Sie einigt sich nicht in der Frage des Nationalismus oder der Kirche, sondern einzig aufgrund der „Judenfrage“. Diese wiederum stellt sich allein infolge der Existenz der Juden. „Juden sind unser Unglück“ bleibt nicht beim Judentum stehen, sondern meint eine jüdische Rasse, von der Gefahr ausgeht und die als undeutsch zu bekämpfen sei. Abstraktion und Personifikation sind in eins gesetzt, wenn Jüdisches als Handlung und Jude als Handelnder gleichgestellt sind. Beides findet seine entsprechende Umsetzung, wird materiell und erlebbar im Unglück, das „uns“, den Deutschen, widerfährt.
Wir finden im klassischen Antisemitismus drei typische Merkmale, die aus diesem Satz herauszulesen sind. Zunächst ist das die Personifikation gesellschaftlicher Phänomene. Juden werden schuldig gesprochen am „Unglück“, sie sind verantwortlich dafür, weil sie dessen Urheber sind. Als zweites Merkmal folgt daraus die manichäistische Sicht, dass Unglück und Glück in Zusammenhang setzt. Juden sind Unglück, wie Deutsche Glück sind. Als drittes Merkmal konstruiert sich über das Glück die positive Kategorie des Volkes, in diesem Fall des deutschen, das durch das „unser“ in Treitschkes Satz beschrieben wird.[29] Der moderne Antisemitismus wird zur Ideologie, weil er aus den tradierten antijüdischen Vorurteilen eine Weltanschauung macht, die in der spezifischen Logik der drei wesentlichen Merkmale bleibt. „Mit dem Konstrukt ‚der Juden' und ihrer vermeintlichen Macht wird die Welt zu erklären versucht, was die entscheidende Differenz zur Phase der vormodernen Judenfeindschaft

---

[28] Heinrich von Treitschke, Unsere Aussichten, in: Ders. (Hg.) Preußische Jahrbücher, S. 559-576, zit. nach: Walter Boehlich, Der Berliner Antisemitismusstreit, Frankfurt (Main) 1988, S. 7- 14, zit. nach: Ebd, S. 231.
[29] Vgl. zu diesem Merkmalskatalog: Thomas Haury, Die Ideologie, die nicht vergehen will, in: AG Antifa im Stura der Uni Halle (Hg.), Münster 2004, S. 92- 114, hier: S. 96f.

bildet."[30] Auf dieser Basis richtet sich der primäre Antisemitismus als „offene Abwertung und Diskriminierung" gegen Juden mit dem Ziel, diese „sozial und politisch zu diskriminieren, zu vertreiben oder gar zu vernichten."[31]
Durch die nationalsozialistischen Verbrechen ist es in Deutschland und der westlichen Welt kaum mehr möglich, diese Form des Antisemitismus offen zu kommunizieren. In Deutschland ist das Verbreiten antisemitischer Schriften unter Strafe gestellt und wird als „Volksverhetzung" bestraft. Als Exportartikel aber ist er im arabischen Raum virulent und dient aus islamischer Sicht zur Erklärung des Israel-Palästina-Konfliktes. Er tritt besonders stark da auf, wo durch „Modernisierungsprozesse (...) [der] Bedarf an einer solchen Welterklärung entstand"[32]. Für eine Analyse des Antisemitismus in Deutschland wird der primäre kaum von Bedeutung sein. Die meisten Stereotype die er vermittelt, gelten als überholt und finden sich nur bei einem kleinen Prozentsatz der Deutschen. Orientiert man sich an der Untersuchung von Bergmann und Erb, so weisen nur noch 9% der Bevölkerung starke primär-antisemitische Vorurteile auf.[33] Wesentlich weiter verbreitet ist ein sekundärer Antisemitismus als deutsche Antwort auf die nationalsozialistische Geschichte. Er soll nun vorgestellt werden.

2.2. Der sekundäre Antisemitismus

Der sekundäre Antisemitismus ist zunächst ein deutsches Phänomen, er ist ein Antisemitismus nach Auschwitz. Ein Antisemitismus, der nicht trotz, sondern wegen der industriellen Massenvernichtung existiert. „Auschwitz affiziert alles,

---

[30] Frank Gutermuth, Moderner Antisemitismus in Deutschland. Entstehungsgeschichte, Motive und Strukturen, in: Zentrum Demokratische Kultur (Hg.), „Vor Antisemitismus ist man nur noch auf dem Monde sicher". Antisemitismus und Antiamerikanismus in Deutschland, Leipzig 2004, S. 7- 14, hier: S. 11.
[31] Heyder/ Iser/ Schmidt, Israelkritik oder Antisemitismus, S. 147.
[32] Klaus Holz, Die Gegenwart des Antisemitismus. Islamistische, demokratische und antizionistische Judenfeindschaft, Hamburg 2005, S. 16.
[33] Werner Bergmann/ Rainer Erb, Antisemitismus in der Bundesrepublik Deutschland. Ergebnisse der empirischen Forschung von 1946- 1989, Opladen 1991, S. 40.

was nach ihm kommt"[34], schreibt Detlev Claussen in den „Grenzen der Aufklärung" und benennt damit die wesentliche Dimension des neuen Antisemitismus, der auf den Massenmord reagiert. Während man darüber streiten kann, ob das Gedicht nach Auschwitz barbarisch sei[35], ist hingegen klar, dass ein positiver Bezug zur deutschen Nation, der immer auch auf der Geschichte basiert, kaum mehr zu machen ist. Infolge der Vernichtung des europäischen Judentums muss die Tat selbst geleugnet oder zumindest relativiert werden, um ein normales Verhältnis zur eigenen Nation aufbauen zu können. Das relativierende Bedürfnis[36] zur positiven deutschen Identität ist damit Ursache für diese Form des Ressentiments, das sich durch zwei wesentliche Merkmale bestimmen lässt.[37]

Zunächst zielt der sekundäre Antisemitismus auf die Leugnung oder Verharmlosung der nationalsozialistischen Verbrechen ab[38]. Die ihm zur Verfügung stehenden Mittel sind die Täter-Opfer-Umkehr als zweites Merkmal und die Betonung klassischer antisemitischer Stereotype im neuen Kontext. Er behauptet, dass die Juden „[q]ua ihrer weltweiten Macht (...) ihren Opferstatus geschickt ausnutzen (...) und finanziellen sowie politischen Vorteil daraus ziehen"[39] und reproduziert damit die alten antisemitischen Stereotype. Tiefenpsychologisch fußt diese Form des Antisemitismus auf dem Schuldempfinden und der Schuldabwehr. Diese psychologischen Dispositionen finden sich nicht nur in der privaten Bezugsgruppe, dort wo sie zum Teil offen zum Ausdruck kommen, sondern auch in staatlich-gesellschaftlichen

---

[34] Detlev Claussen, Grenzen der Aufklärung. Die gesellschaftliche Genese des modernen Antisemitismus, Frankfurt (Main) 2005, S. 35.

[35] Vgl. hierzu Theodor W. Adornos Ausführungen in „Kulturkritik und Gesellschaft".

[36] Jenes Bedürfnis muss nicht sekundär antisemitisch auftreten, meist tut es das aber. Lars Rensmann beschreibt anhand der Martin Walser- Debatte wie sich Verdrängen der Vergangenheit mit antijüdischen Stereotyp verzahnt. Vgl.: Lars Rensmann, Enthauptung der Medusa, Zur diskurshistorischen Rekonstruktion der Walser-Debatte im Licht politischer Psychologie, in: Micha Brumlik/ Hajo Funke/ Lars Rensmann, Umkämpftes Vergessen. Walser-Debatte, Holocaust-Mahnmal und neuer deutsche Geschichtspolitik, Berlin 2004, S. 30- 128, S. 35ff.

[37] Vgl. weiterführend: Thomas Haury, Der Antizionismus der Neuen Linken in der BRD. Sekundärer Antisemitismus nach Auschwitz, in: Arbeitskreis Kritik des deutschen Antisemitismus (Hg.), Antisemitismus – die deutsche Normalität. Geschichte und Wirkungsweisen des Vernichtungswahns, Freiburg 2001, S. 217- 229.

[38] Lars Rensmann weist auf die Durchdringung von sekundärem und antizionistischen Antisemitismus an dieser Stelle hin: Vgl.: Rensmann, Demokratie und Judenbild, S. 87f.

[39] Heyder/ Iser/ Schmidt, Israelkritik oder Antisemitismus, S. 148.

Gedenkveranstaltungen, die dem eigenen Anspruch nach das Gegenteil erreichen wollen:

„Wenn etwa Holocaust-Gedenkstätten überhaupt staatlich unterstützt werden, dann werden sie nicht selten seitens der verantwortlichen Politiker als ‚Leistung für die jüdischen Mitbürger' begriffen, als sei die Geschichte des Völkermordes an den Juden nicht auch deutsche Geschichte. Indem so die Erinnerung an die deutschen Taten mit jüdischen Menschen staatspolitisch identifiziert wird, gleichzeitig zudem im politischen Raum Erinnerungsabwehr reproduziert und die politische Verantwortung für den Völkermord abgespalten wird, wird sekundärer Antisemitismus strukturell unterfüttert."[40]

Eine instrumentelle Erinnerung als Nährboden für den sekundären Antisemitismus findet man laut Wolfgang Benz auch bei der Initialisierung von Gedenktagen und -stätten. Benz spricht gar von einer „Abwehr von Erinnerungen"[41], die sich durch die staatliche Zuwendung ergebe.

Entlastungsstrategien, wie sie dem sekundären Antisemitismus entsprechen, basieren auf der Wahrnehmung einer personifizierten Vergangenheit. Lars Rensmann stellt den Zusammenhang zwischen Erinnerungsabwehr und Antisemitismus wie folgt dar:

„Da alles und alle abgewehrt werden müssen, die das fragile nachnationalsozialistische Selbstbild gefährden könnten, trifft dies (...) in erster Linie die ungewollten wie artikulierten Repräsentanten der Erinnerung, und das sind in erster Linie Juden; sie verhindern beim Erinnerungsabwehrenden das erträumte bloße Vergehen der kritischen Bezüge zur Vergangenheit, versagen den geforderten Schlussstrich unter die Vergegenwärtigung des Völkermords"[42].

Der primäre Antisemitismus wird dabei im sekundären reproduziert, einerseits weil beide das Ich im Rahmen des Wir durch eine Abwertung einer dritten Gruppe aufwerten, andererseits weil sie auf einer Wahnvorstellung beruhen, die

---

[40] Rensmann, Kritische Theorie, S. 268.

[41] Wolfgang Benz, Der Umgang mit Gedenktagen und Gedenkstätten in der Bundesrepublik Deutschland, in: Werner Bergmann/ Rainer Erb/ Altert Lichtblau (Hg.), Schwieriges Erbe, Der Umgang mit Nationalsozialismus und Antisemitismus in Österreich, der DDR und der Bundesrepublik Deutschland, S. 302- 318, hier: S. 315.

[42] Rensmann, Kritische Theorie, S. 254f.

zur Projektion zwingt.[43] Daneben aber sind neue Stereotype erst durch den sekundären Antisemitismus entstanden, das bekannteste ist das des rachebesessenen Juden. Zusammen mit dem Stereotyp des intellektuellen Juden kann die wiederkehrende Thematisierung des Nationalsozialismus oder der Shoah so als Kampagne einer jüdischen Medienlandschaft begriffen werden.
Da der sekundäre Antisemitismus heute noch in großen Teilen der politischen Rechten existiert, soll er abschließend auf die wichtigsten Punkte reduziert dargestellt werden.[44] Der Antisemitismus nach Auschwitz reagiert auf die Shoah durch Schuldprojektion, kommt dabei ohne Juden aus und übernimmt zwar klassisch-antisemitische Vorurteile, löst sich aber von dessen rassistischem Gehalt. In Anlehnung an den sekundären Antisemitismus und in Bezug auf den israelischen Staat kam es zum antisemitischen Antizionismus. Er soll als letzter Begriff vorgestellt werden.

2.3. Der antisemitische Antizionismus

Am Morgen des 10. Novembers 1969 fand eine Reinigungskraft, die nach Ablauf der Gedenkveranstaltung zur Reichspogromnacht die Räume des Jüdischen Gemeindehauses in der Berliner Fasanenstraße aufräumen wollte, ein tickendes Packet. Sie alarmiert zunächst den Hausmeister, der kurze Zeit später die Polizei zu Hilfe ruft. Das ebenfalls herbeigerufene Sprengstoffkommando bringt die Bombe in den Grunewald, wo sie entschärft wird. Was zunächst nach einem versuchten Anschlag einer rechtsextremen Gruppe aussah, entpuppte sich bald als manifeste Form eines neuen, linksradikalen Antisemitismus.
Bei einer Palästinaveranstaltung am Tag zuvor kursiert kurz nach Beginn der Diskussion ein Flugblatt unter den Beteiligten. Unter der Überschrift „Schalom + Napalm“ schreiben die Autoren, die sich als „Schwarze Ratten/ Tupamaros West-Berlin“ bezeichnen:

---

[43] Vgl.: Ebd., S. 258.
[44] Für die folgenden Punkte Vgl.: Werner Bergmann, Geschichte des Antisemitismus, München 2006, S. 118f.

„Am 31. Jahrestag der faschistischen Kristallnacht wurden in Westberlin mehrere jüdische Mahnmale mit „Schalom und Napalm“ und „El Fath“ beschmiert. Im jüdischen Gemeindehaus wurde eine Brandbombe deponiert. Beide Aktionen sind nicht mehr als rechtsradikale Auswüchse zu diffamieren, sondern sie sind ein entscheidendes Bindeglied internationaler sozialistischer Solidarität. (…) Jede Feierstunde in Westberlin und in der BRD unterschlägt, dass die Kristallnacht von 1938 heute täglich von den Zionisten in den besetzten Gebieten, in den Flüchtlingslagern und in den israelischen Gefängnissen wiederholt wird. Aus den vom Faschismus vertriebenen Juden sind selbst Faschisten geworden, die in Kollaboration mit dem amerikanischen Kapital das palästinensische Volk ausradieren wollen.“[45]

In diesem ausführlich zitierten Abschnitt finden wir vier Argumente, die den antisemitischen Antizionismus ausmachen. Neben der dichotomen Rhetorik des Manichäismus, der ohne Abstufungen Gut und Böse kennt und hier mit ‚faschistisch' und ‚antifaschistisch' etikettiert ist, lassen sich gleich alle drei weiteren typischen Merkmale aufzeigen. Unter dem Deckmantel der „internationalen, sozialistischen Solidarität“ werden die Mitglieder der Jüdischen Gemeinde in Berlin antisemitisch separiert, d.h. in Beziehung gesetzt zum israelischen Staat, sie werden zu dessen Bürgern ohne es tatsächlich zu sein.[46] Die halluzinierte Verbindung der Juden Berlins zu Israel entspringt laut neuerer Antisemitismusforschung der Wahnvorstellung, dass alle Juden ein homogenes Kollektiv bilden. Die Unterstellung, Juden wären loyaler Israel als der Bundesrepublik gegenüber eingestellt, ist die logische Konsequenz dieser Vorstellung. Dass die Jüdische Gemeinde in Berlin Ziel eines Sprengstoffanschlags wurde, der mit der israelischen Politik legitimiert werden sollte, entspringt im weitesten Sinne dem Irrglauben, dass es einen jüdischen Plan für die Weltherrschaft gäbe. Das Flugblatt weißt also schon auf den ersten Blick die Grundzüge antisemitischer Projektion auf, wie sie aus den „Protokollen der Weisen von Zion“ bekannt sind.

Wirklich neu am antisemitischen Antizionismus ist die NS- vergleichende Israelkritik mit der dieses Flugblatt daherkommt und die mit Sätzen wie: „[a]us den vom Faschismus vertriebenen Juden sind selbst Faschisten geworden“,

---

[45] Schwarze Ratten TW, Schalom + Napalm, in: Agit 883, 40/1969, S. 9, zit. nach: Wolfgang Kraushaar, Die Bombe im Jüdischen Gemeindehaus, Hamburg 2005, S. 48.

[46] Eine Operationalisierung dieses Antisemitismus findet sich in: Heyder/ Iser/ Schmidt, Israelkritik oder Antisemitismus, S. 148.

belegt wird. Israel wird hier verglichen mit der Vernichtungspolitik der Nationalsozialisten, Motivation der Israelis sei es, „das palästinensische Volks ausradieren zu wollen." Neben aller legitimen Kritik an Israel zielt der NS-Vergleich nicht darauf ab, eine Situation zu schildern, um sie zu verbessern (positive Kritik) oder ihren wahren Gehalt aufzuzeigen (negative Kritik), sondern nur zur Leugnung des israelischen Existenzrechtes und darüber hinaus zur Relativierung der deutschen Vergangenheit.[47]

Dies hat der NS-Vergleich mit dem dritten Merkmal, dem israelbezogenen Antisemitismus, gemein. Wird die Kritik am israelischen Staat auf alle Juden bezogen, so finden wir hierin die vierte Eigenschaft des Antizionismus. Auch wenn diese Kategorie sich zweifellos aus der antisemitischen Separation und dem israelbezogenen NS-Vergleich ergibt, ist sie doch eigenständig. Im Text wird sie durch die ersten Zeilen ausgedrückt. In Berlin werden jüdische Mahnmale beschmiert, um gegen die Wiederholung der „Kristallnacht von 1938 (...) in den besetzten Gebieten, in den Flüchtlingslagern und in den israelischen Gefängnissen" zu demonstrieren.

Entgegen der antisemitischen Separation sind die Mitglieder der Jüdischen Gemeinde nicht nur loyale Untergebene der israelischen Regierung, sie sind auch noch für deren Handlungen haftbar zu machen. Nach Lars Quadfasel braucht der antisemitische Antizionismus diese Mutmaßung, um praktisch zu bleiben. Die Handlungsanleitung, die der Antiimperialismus vorgibt, in der radikalsten Form ein, zwei, drei, viele Vietnams zu schaffen, trifft sich mit der antisemitischen Ideologie und wird zum Antizionismus, wobei „keiner, der sich dem Antizionismus verschrieben hat, (...) darum herum[kommt], sich als Antisemit zu betätigen; mag er sich als Intention zurechtgelegt haben, was er will."[48]

---

[47] Es ist bezeichnend, dass der Antizionismus nicht nur in linksextremen Kreisen in der BRD kursierte, sondern mit nahezu identischen Argumenten seit den 50er Jahren in der DDR vorgetragen wurde. Vgl.: Lothar Mertens, Staatlich propagierter Antizionismus. Das Israelbild der DDR, in: Wolfgang Benz (Hg.), Jahrbuch für Antisemitismusforschung 2, Frankfurt (Main)/ New York 1992, S. 139- 153.

[48] Lars Quadfasel, Für das Gute, gegen die Juden, in: Initiative Antisemitismuskritik, Israel in deutschen Wohnzimmern. Realität und antisemitische Wahrnehmungsmuster des Nahostkonflikts, Stuttgart 2005, S. 162- 213, S. 178.

Anders als der primäre und der sekundäre Antisemitismus ist der Antizionismus eine linke Erfindung.[49] Er verbindet die Identifikation mit einer als unterdrückt empfundenen Mehrheit mit einem Internationalismus, der mehr als nur die eigene Nation kennt. Aber auch wenn er nicht von rechts kommt, so ist er in ähnlicher Form auch in rechtsextremen Gruppen anzutreffen. Mit zum Teil denselben Argumenten wird eine Palästinasolidarität betrieben, deren einziger Unterschied von Jan Riebe beschrieben wurde:

> „Die Umdeutung durch die extreme Rechte liegt darin begründet, dass sie sich in ihrer Solidarität immer aufs ganze ‚Volk' beziehen, während zumindest große Teile der Linken sich in ihrer Solidarität auf emanzipatorische Teile der jeweiligen ‚Befreiungsbewegungen' bezogen hatten."[50]

Antisemitischer Antizionismus ist in letzter Instanz daher parteiübergreifend. Anders als der fast verschwundene primäre Antisemitismus und der sekundärer Antisemitismus, der vorwiegend in der politisch extremen Rechten kursiert[51], ist der antisemitische Antizionismus weit verbreitet. Zu vermuten ist, dass besonders diese Form des Ressentiments, das weitgehend ohne Sanktionierung geäußert werden kann, in den Gesprächssituationen auftauchen wird. Anzunehmen ist dies, weil es nur wenige Tabuisierungsgrenzen für diese Form des antijüdischen Ressentiments gibt.

Bereits in seinem Aufsatz von 1969 beschreibt der KZ- Überlebende Jean Améry diesen Antisemitismus mit dem Adjektiv „ehrbar". Löblich, positiv, eben „ehrbar" sei er, weil er ohne das Bild des schwachen Juden[52] auskäme. Im Antizionismus geht es, so Améry weiter, nicht mehr um den typischen Juden, dem man unterstellt Wucher zu treiben, sondern um den ‚Polizeistaat Israel', der

---

[49] Vgl.: Micha Brumlik, Die Angst vor dem Vater. Judenfeindliche Tendenzen im Umkreis neuer sozialer Bewegungen, in: Alphons Silbermann/ Julius H. Schoeps (Hg.), Antisemitismus nach dem Holocaust. Bestandsaufnahme und Erscheinungsform in deutschsprachigen Ländern, Köln 1986, S. 133- 162, hier: S. S. 134ff.

[50] Jan Riebe, Im Spannungsfeld von Rassismus und Antisemitismus. Das Verhältnis der deutschen extremen Rechten zu islamistischen Gruppen, Marburg 2006, S. 90f.

[51] Vgl.: Wolfgang Frindte, Inszenierter Antisemitismus. Eine Streitschrift, Wiesbaden 2006, S. 200f.

[52] Über das Bild vom „Rambo-Juden" schreibt Daniel Goldhagen in:
Daniel J. Goldhagen, Die Globalisierung des Antisemitismus, in: Rabinovici/ Speck/ Szaider (Hg.), Neuer Antisemitismus?, S. 93- 100.

angeblich unterdrücke und Folter betriebe. In einem bekannt gewordenen Abschnitt des angesprochenen Textes heißt es:

„Der Antisemitismus, enthalten im Anti-Israelismus oder Anti-Zionismus wie das Gewitter in der Wolke, ist wiederum ehrbar. Er kann ordinär reden, dann heißt das ‚Verbrecherstaat Israel'. Er kann es auf manierliche Art machen und vom ‚Brückenkopf des Imperialismus' sprechen, dabei so nebstbei allenfalls in bedauerndem Tonfall hinweisen auf die mißverstandene Solidarität, die so ziemlich alle Juden, von einigen löblichen Ausnahmen abgesehen, an den Zwergstaat bindet, und kann es empörend finden, daß der Pariser Baron Rothschild die Israel-Spenden der französischen Bevölkerung Frankreichs als eine Steuer einfordert."[53]

Wie Ulrich Beck treffend beschrieb, entzündet sich seit dem 11. September am Nahostkonflikt erneut ein antisemitischer Streit, in dem das Bild des ‚unterdrückten Palästinensers' antisemitische Affekte wieder befördert.[54] Daraufhin kommt es nach Beck zu einer „Entgrenzung der Intifada". Antisemitismus wird so über den Nahostkonflikt salonfähig. Diese Etablierung wird vorangetrieben durch die „vage Übernahme völlig fremder antisemitischer Stereotypen und eines militanten Anti-Zionismus (...) [so dass] Juden und alles, was mit ihnen zu tun hatte, zur Quintessenz des Kolonialismus"[55] gemacht werden.

Exkurs I: Zur Rolle des Tabus in der Gesellschaft

Wie oben angesprochen, handelt es sich bei Untersuchungen über den Antisemitismus in der Bundesrepublik um Analysen eines weitgehend tabuisierten Themas. Gängige Erklärungsansätze, wie die Theorie der Umwegkommunikation von Bergmann und Erb, reagieren auf verschieden kommunizierbare antijüdische Stereotype. Sie erklären die Fixierung auf den Nahostkonflikt mit der befürchteten Vorurteilsrepression in Deutschland. Auch

[53] Jean Améry, Der ehrbare Antisemitismus, in: Die Zeit, 25.7.1969.
[54] Vgl.: Ulrich Beck, Entgrenzung der Intifada oder: Das Linienbus-Ticket in Haifa, in: Rabiniovici/ Speck/ Sznaider (Hg.), Neuer Antisemitismus?, S. 133- 142, hier: S.133 ff.
[55] Shulamit Volkov, Antisemitismus als kultureller Code., München 2000, S. 86

wenn Bergmann und Heitmeyer in einem gemeinsamen Aufsatz von 2005 voraussagen, dass infolge von „Tabukritik und Entlastung durch ‚Europäisierung' des Holocaust"[56] die Kommunikationslatenz langsam erodiert, bestätigen die Autoren die Existenz eines Tabus von primären und sekundären Antisemitismen. Die in der Öffentlichkeit weitgehend legitime Kritik am Staat der Shoahüberlebenden und der darüber hinausgehende antisemitische Antizionismus kommen als Umwegkommunikation nur deshalb in Betracht, weil andere Formen des Antisemitismus illegitim sind. Die Befürchtungen Heitmeyers und Bergmanns schweben um die Frage: „Wer aber sorgt für die Stabilisierung der Normgrenzen bei weiteren Versuchen, diese zu durchbrechen?"[57]

Wenn auch darauf an dieser Stelle keine Antwort gegeben werden kann, ist die verschiedene Kommunikationsmöglichkeit von Vorurteilen Anlass genug, um sich mit dem Tabu zu beschäftigen. Auf den folgenden Seiten soll ein kurzer Abriss über die Geschichte und das Auftreten des Tabu folgen.

Bei Freud, von dem hier ausgegangen werden soll, tritt das Tabu im Zusammenhang mit Trauer, Gespensterfurcht und Ahnenkult auf. In seiner Abhandlung „Totem und Tabu" von 1912 war Freud zu dem Schluss gekommen, dass bei „Primitiven" die „Ambivalenz den Toten gegenüber sehr viel offener gezeigt werden kann als in der Moderne"[58]. Tabu bezeichnet dabei „etwas, was zugleich heilig, über das Gewöhnliche erhaben, wie auch gefährlich, unrein, unheimlich umfasst."[59] Freud attestiert dem Tabu einen ambivalenten Charakter. Während es einerseits einhergeht mit neurotischen Vorstellungen von dem, was falsches oder richtiges Handeln sei, und gelegentlich zur Ausgrenzung von Personen führen kann, gemäß dem Fall, dass jemand für *tabu* erklärt wird, so verhindert das Tabu andererseits den Ausbruch asozialer Regungen. Freud bespricht diesen Gedanken anhand der unbewussten Lust zum Töten: „Wir werden annehmen, dass dies Begehren, zu morden, tatsächlich im Unbewussten vorhanden ist, und dass das Tabu wie das

---

[56] Werner Bergmann/ Wilhelm Heitmeyer, Antisemitismus: Verliert die Vorurteilsrepression ihre Wirkung? in: Heitmeyer (Hg.), Deutsche Zustände 3, S. 224- 238, hier: S. 226.

[57] Ebd., S. 234.

[58] Micha Brumlik, Wer Sturm sät. Die Vertreibung der Deutschen, Berlin 2005, S. 121.

[59] Sigmund Freud, Das Tabu und die Ambivalenz der Gefühlsregung, in: Ders., Totem und Tabu, Frankfurt (Main) 1972, S. 25- 85, hier: S. 29.

Moralverbot psychologisch keineswegs überflüssig ist, vielmehr durch die ambivalente Einstellung gegen den Mordimpuls erklärt und gerechtfertigt wird."[60] Das dem Tabu inhärente Verhältnis der Ambivalenz verschiebt sich im Einzelfall, bleibt aber nach Freud grundsätzlich immer bestehen.

Bei der Tabuisierung rassistischer oder antisemitischer Einstellung, die sich ausdrückt am Verbot ihrer sozialen Kommunikation, ist das Ambivalenzverhältnis zugunsten der Prävention verschoben. Prävention aber ist nicht unabhängig von denen, die das Tabu einklagen, indem sie Sanktionen fordern. Während in Freuds Untersuchung das Tabu als ein traditionelles Moment des Sozialen beschrieben wird, ist das Tabu in der modernen Gesellschaft ein von gesellschaftlichen Gruppen getragenes Phänomen. Dazu ein Beispiel. Als der bündnisgrüne Landtagsabgeordnete Jamal Karsli in Nordrhein- Westfalen sich antisemitisch äußerte und der FDP beitrat, schrieb u. a. Heribert Prantl als ein Vertreter der Zivilgesellschaft in der Süddeutschen Zeitung: „Die Freiheit, braunen Unsinn zu reden, gehört selbstredend zur Meinungsfreiheit, die die Demokratie gewährt. Sie qualifizierte aber bisher nicht dazu, Mitglied einer demokratischen Partei zu werden."[61]

Infolge der deutschen Geschichte und der Vernichtung des europäischen Judentums kam es besonders in Deutschland zur Tabuisierung antisemitischer Einstellungen.[62] Um dieses Tabu aufrechtzuerhalten, bedurfte es derer, die im Ausnahmefall Sanktionen verhängen. Ein aktives Tabu lebt von der Sanktion, die nicht wie in Freuds Ausführungen intrinsisch vom Gewissen verhängt, sondern durch Außenstehende, durch andere Gesellschaftsmitglieder eingeklagt wird. An diesem Punkt unterscheiden sich Öffentlichkeit und Bezugsgruppe voneinander. In der Bezugsgruppe fehlt es zumeist an den kritischen Gegenkräften, die zur Tabuisierung nötig sind. Ein zweites, von Hans Wagner vorgetragenes Beispiel, verdeutlicht diesen Zusammenhang noch stärker. Die Aufführung des Fassbinder-Stückes „Die Stadt, der Müll und der Tod" im Frankfurter Theater provozierte die dortige jüdische Gemeinde. Ihr engagierter Widerstand führte zu „Aufführungsbehinderungen und Theaterbesetzungen

---

[60] Ebd., S. 81.

[61] Heribert Prantl, Juden in Kollektivhaft, in: Michael Naumann (Hg.), „Es muss doch in diesem Lande wieder möglich sein...". Der neue Antisemitismus- Streit, München 2002, S. 53- 55, hier: S. 53.

[62] Vgl.: Goldhagen, Globalisierung des Antisemitismus, S. 93.

durch aufgebrachte jüdische und nicht-jüdische Bürger"[63]. Wagner stellte in diesem Zusammenhang fest, dass Tabus mit Verweis auf die Kunst- und Pressefreiheit zwar gebrochen werden, trotzdem aber wahrnehmbar bleiben. Ihre Wahrnehmung hängt ab von äußeren Umständen, dem Kontext. Dabei sind die wichtigsten Fragen die Folgenden: Wo kommt es zum Tabubruch? Wer kann davon Notiz nehmen? Wie die in der Einleitung beschriebenen Fälle zeigen, findet sich die stärkste Sanktionierungsmöglichkeit in der Politik. Kunst und Presse stellen eher Ausnahmeräume dar, die dem Tabu eingeschränkt unterliegen.
Margarethe und Siegfried Jäger stellen in ihrer Analyse des Diskurses in den Printmedien während der Zweiten Intifada äußerst negative Zuschreibungen der israelischen Seite gegenüber fest, erkennen aber gleichzeitig, dass es nicht zur Infragestellung des israelischen Existenzrechtes kommt.[64] Auch in den deutschen Printmedien scheint ein Verbot hinsichtlich eines antisemitischen Antizionismus zu existieren. Dabei unterliegen die traditionellen Formen des Antisemitismus einer noch schärferen Tabuisierung.[65]

3. Zur Theorie über den Antisemitismus

Wie in der Einleitung bereits angedeutet, muss der Antisemitismus theoretisch eingeordnet und erklärt werden, um im empirischen Teil der Untersuchung mit dessen zu beobachtenden Erscheinungsformen umgehen zu können. Das soll im Folgenden geschehen. Dabei kommt es mir nicht unbedingt auf die, in sozialwissenschaftlichen Texten übliche methodische Reihenfolge an, sondern auf die Möglichkeit einer theoretischen Herangehensweise. Nicht die praktische Form der Deduktion, dafür die theoretische Kritik führt zu dieser Gliederung.
Wenn an dieser Stelle nur zwei Theorien vorgestellt werden sollen, dann hängt das zum einen sicherlich zusammen mit Werner Bergmanns Feststellung, dass

[63] Hans Wagner, Medien-Tabus und Kommunikationsverbote. Die manipulierte Wirklichkeit, München 1991, S. 26.
[64] Vgl.: Margarethe Jäger/ Siegfried Jäger, Medienbild Israel. Zwischen Solidarität und Antisemitismus. Medien: Forschung und Wissenschaft Band 3, Münster/ Hamburg/ London 2003, S. 347.
[65] Vgl.: Ebd., S. 358.

es keine „general theory" des Antisemitismus gibt[66], zum anderen aber an der Unterteilung und den Wurzeln der Antisemitismusforschung. Die Ursprünge der Antisemitismusforschung sind sozialpsychologischer Natur. Theodor W. Adorno und Max Horkheimer verbanden in ihren Thesen zum Antisemitismus in der „Dialektik der Aufklärung" die Psychoanalyse Freuds mit einer Philosophie des westlichen Marxismus, die auf Hegel zurückgeht und schon von Georg Lukács in „Geschichte und Klassenbewusstsein" oder Karl Korsch in „Marxismus und Philosophie" vertreten wurde. Mit ihren Schriften sollten sie die Antisemitismus- wie auch die Autoritarismusforschung stark beeinflussen. Die Bücher und Texte von Detlef Oesterreich belegen dies eindrucksvoll.[67] Jene starke Anlehnung an die Schriften Adornos und Horkheimers macht es nötig, die theoretische Ausrichtung der Frankfurter Schule vorzustellen.[68]

Mit dem Ansatz von Klaus Holz, den er im Rahmen seiner Veröffentlichung „Nationaler Antisemitismus" entwickelte, ist eine rein soziologische Sicht auf den Antisemitismus gewählt wurden. Unter Bezugnahme auf die Systemtheorie Niklas Luhmanns schreibt Holz von antisemitischen Semantiken, die immer wieder reproduziert, über den Antisemitismus Auskunft geben könnten. Da Holz mit seinen Annahmen in der neueren Forschung erheblichen Einfluss hat und er auf die wichtigen Arbeiten Zygmunt Baumans eingeht, scheint es hier notwendig, auf seine Theorien ebenfalls ausführlicher einzugehen.

---

[66] Vgl.: Werner Bergmann, Starker Auftakt – schwach im Abgang. Antisemitismusforschung in den Sozialwissenschaften, in: Werner Bergmann/ Mona Körte (Hg.), Antisemitismusforschung in den Wissenschaften, Berlin 2004, S. 219- 239.

[67] Hier lohnen sich gleich zwei Verweise. Zum einen ein Buch, das als Abhandlung über Fromms „Furcht vor der Freiheit" gelesen werden kann. Vgl.: Detlef Oesterreich, Flucht in die Sicherheit, Opladen 1996.
Außerdem ein Text, der erinnert an die erste große Studie des Frankfurter Instituts für Sozialforschung über „Autorität und Familie". Vgl.: Detlef Oesterreich, Autoritäre Persönlichkeit und Sozialisation im Elternhaus. Theoretische Überlegungen und empirische Ergebnisse, in: Susanne Rippl/ Christian Seipel/ Angela Kindvater (Hg.), Autoritarismus. Kontroversen und Ansätze der aktuellen Autoritarismusforschung, Opladen 2000, S. 69- 90.

[68] Dabei wurden die Ausführungen der beiden kritischen Theoretiker zumeist in Ansätzen übernommen. Eine Weiterentwicklung fand nur bedingt statt, wie Funke schreibt. Vgl.: Friedrich Funke, Die dimensionale Struktur von Autoritarismus, Jena 2002, S. 28ff.

3.1. Die Kritische Theorie über den Antisemitismus

Um den Antisemitismus aus marxistischer Sicht zu erklären, so führt Wolfgang Haug aus, ist es prinzipiell nicht ausschlaggebend für welchen Theoretiker man sich entscheidet. „Ob wir Lukács fragen oder Horkheimer und Adorno (...) oder den Lukács-Gegner Brecht oder die Theoretiker der Sozialdemokratie, das macht kaum einen Unterschied.“[69] Alle würden sich ökonomistischer Argumente bedienen, um den Antisemitismus als ein falsches Bewusstsein, als Verblendungsideologie des Kapitalismus zu beschreiben.

Das war auch jene Befürchtung, die Horkheimer veranlasste seinen Text, „Die Juden und Europa“, nach der Rückkehr in Frankfurt „lieber im Keller des Institutsgebäudes [zu] verwahren“[70]. Keinesfalls wollte er missverstanden werden und stellte sich somit gegen die eigenen Neuauflagen älterer Texte, verweisend auf die „Antisemitismusthesen“ der „Dialektik der Aufklärung“. Diese gelten retrospektiv als mikrosoziologische Verknüpfung mit der Psychoanalyse Freuds[71], zeigen aber auch, nicht zuletzt aufgrund der Bezugnahme auf Rackets und Kollektive, makrosoziologische Dimensionen auf. Dabei sind die sieben Thesen zum Antisemitismus hinsichtlich dessen Entstehung und Funktionsweise so grundlegend für das Verständnis der Kritischen Theorie, dass sie hier ausgeführt werden sollen. Obwohl beide Autoren auf die von Marx gemachten Beschreibungen von Zirkulation und Produktion zurückgreifen, mit dem sie nach eigener Aussage „noch in einer Epoche (...), wenn auch an ihrem Ende“[72] stehen, grenzen sie sich doch von der dogmatisch marxistischen Darstellung, dass der Antisemitismus nur Machtinstrument der herrschenden Klasse wäre und somit ohne Ideologiekritik der Antisemitismus nicht als Logik der Aufklärung zu verstehen sei, ab.

---

[69] Wolfgang F. Haug, Antisemitismus in marxistischer Sicht, in: Herbert A. Strauss/ Norbert Kampe (Hg.), Antisemitismus. Von der Judenfeindschaft zum Holocaust, Bonn 1984, S. 234-255, hier: S. 241.

[70] Gerhard Scheit, Mitmachen oder Dagegensein?. Zum Verhältnis von Kritik und Identifikation, in: Stephan Grigat (Hg.), Feindaufklärung und Reeducation. Kritische Theorie gegen Postnazismus und Islamismus, Freiburg 2006, S. 201- 219, hier: S. 211.

[71] Vgl.: Werner Bergmann, Starker Auftakt, S. 226f.

[72] Claussen, Grenzen der Aufklärung, S. 83.

So heißt es in der Dialektik der Aufklärung zwar, dass jene, „die weder ökonomisch noch sexuell auf ihre Kosten komm[en], [hassen] ohne Ende“[73], aber nur unter der Einschränkung, „dass der Antisemitismus (...) vom Ausfall reflexiven Denkens“[74] lebe. Somit ist der Hass auf Juden nicht der von August Bebel beschriebene „Sozialismus der dummen Kerls“, sondern eine grundsätzlich falsche Kritik am Kapitalismus und am Liberalismus. Die Juden, die gleichgemacht[75] und somit pauschal für die Krisenerscheinungen im Kapitalismus schuldig gesprochen werden sollen, vermutet der Antisemit in der Zirkulationssphäre. Da ihnen der Zugang zu Produktionsmitteln verwert blieb, konnten sie nicht in die Produktionssphäre gelangen, was ihnen das Image des raffenden Finanzmaklers einbrachte, der im Kontrast zum schaffenden Industriellen steht. Obwohl die „Juden (...) die Zirkulationssphäre nicht allein besetzt“[76] hatten, waren sie so lange in ihr eingesperrt, dass „sie nicht den Hass, den sie seit je ertrugen, durch ihr Wesen zurückspiegelten.“[77] Das verschärfte die Ausbreitung des Antisemitismus und die Juden wurden im Anschluss verstärkt mit wirtschaftlichen Krisen in Verbindung gebracht, aus denen sie scheinbar noch Nutzen zögen. „Sie trugen kapitalistische Existenzformen in die Lande und zogen den Hass derer auf sich, die unter jenen zu leiden hatten.“[78] An diesem Punkt mobilisiert der völkische Antisemitismus seine Anhänger, und mit seinem Auftritt verwandelte sich der christliche Antijudaismus des Mittelalters in den modernen Antisemitismus des 19. Jahrhunderts, der fortan behauptete „es gehe um Reinheit von Rasse und Nation“.[79] Auch die Form der Idiosynkrasie, die sich nach Adorno und Horkheimer „an Besonderes“ hefte und somit vom gleichmachenden Antisemitismus erst als dessen Triebkraft umgedeutet werden muss, scheint der Neuartigkeit des modernen Antisemitismus nicht mehr vollends gerecht zu werden. Dennoch wird vom Antisemiten das

---

[73] Max Horkheimer/ Theodor W. Adorno, Elemente des Antisemitismus. Grenzen der Aufklärung, in: Dies., Dialektik der Aufklärung; Frankfurt (Main) 2004, S. 179.
[74] Claussen, Grenzen der Aufklärung, S. 53.
[75] Dazu passt der Satz aus der Dialektik der Aufklärung, wonach der Antisemitismus als Volksbewegung steht das war, „was seine Anstifter den Sozialdemokraten vorzuwerfen liebten: Gleichmacherei.“
Horkheimer/ Adorno, Elemente des Antisemitismus. Grenzen der Aufklärung, S. 179.
[76] Ebd., S. 183.
[77] Ebd.
[78] Ebd., S. 184.
[79] Ebd., S 185.

idiosynkratische Motiv vorgeschoben, wo es um die Ablehnung der neuen Ordnung geht. „Zivilisation ist der Sieg der Gesellschaft über Natur, der alles in bloße Natur verwandelt.“[80] Je dichter, so führt Adorno in der „Erziehung nach Auschwitz“ aus, das gesellschaftliche Netz, „desto mehr will man heraus, während gerade seine Dichte verwehrt, dass man heraus kann. Das verstärkt die Wut gegen die Zivilisation. Gewalttätig und irrational wird gegen sie aufbegehrt.“[81] Die von der Gesellschaft als Gesetze vorgegebenen Regeln verstärken den Drang aus ihnen auszubrechen, jener Drang aber wird gegen scheinbar Glücklichere kanalisiert und schlägt um in Wut gegen die als Urheber der Unfreiheit geltenden Juden. Dabei wird nicht nur die eigene Ohnmacht als Resultat der fremden, hier jüdischen, Herrschaft verstanden, es werden auch „Regungen, die vom Subjekt als dessen eigene nicht durchgelassen werden und ihm doch zu eigen sind, (...) dem Objekt zugeschrieben: dem prospektiven Opfer.“[82] Die Projektion, auf welcher der Antisemitismus teils beruht, nennen Horkheimer und Adorno pathisch und beschreiben, dass wenn „Mimesis sich der Umwelt ähnlich macht, (...) falsche Projektion die Umwelt“[83] nach sich selbst gestaltet. Die sechste Antisemitismusthese von der pathischen Projektion schließt dabei direkt an Freuds Psychoanalyse an[84]. So wie Adorno später noch zum Verhältnis von Soziolgie und Psychologie schreiben wird, dass eine Trennung zwischen beiden Disziplinen einen falschen Zustand der „Divergenz zwischen dem Allgemeinen und seiner Gesetzlichkeit hier, dem Individuum in der Gesellschaft dort“[85] ausdrücke, so argumentiert er auch in den Antisemitismusthesen in denen Soziologie und Psychoanalyse sich gegenseitig durchdringen und dennoch zwei eigenständige Bereiche bleiben. Argumentativ sieht das wie folgt aus: Die im Es verdrängten Triebe werden zur Stabilisierung und Selbstidentifizierung des Ichs auf ein Objekt abgelenkt, welches stellvertretend für die eigenen Fehler in jeder erdenklichen Form büßen muss.

80 Ebd., S. 195.

81 Theodor W. Adorno, Erziehung nach Auschwitz, in: Rolf Tiedemann (Hg.), ‚Ob nach Auschwitz noch sich leben lasse‘. Ein philosophisches Lesebuch, Frankfurt (Main) 1997, S. S. 48- 63, hier: S. 50.

82 Horkheimer/ Adorno, Dialektik der Aufklärung, S. 196.

83 Ebd.

84 Vgl.: Eva Stein, Subjektive Vernunft und Antisemitismus bei Horkheimer und Adorno, Oldenburg 2002, S. 111ff.

85 Theodor W. Adorno, Postskriptum, in: Kölner Zeitschrift für Soziologie und Sozialpsychologie, 1/66, S. 37- 42, hier: S. 38.

Dabei mangelt es dem Projizierenden, gerade das macht die Projektion zur pathischen, an Vermögen zur Reflexion.

„Es verliert die Reflexion nach beiden Richtungen: da es nicht mehr den Gegenstand reflektiert, reflektiert es nicht mehr auf sich und verliert so die Fähigkeit zur Differenz. Anstatt der Stimme des Gewissens hört es Stimmen; anstatt in sich zu gehen, um das Protokoll der eigenen Machtgier aufzunehmen, schreibt es die Protokolle der Weisen von Zion den anderen zu.“[86]

In Zusammenhang mit dieser Feststellung, der drängenden Abwehr eigener Ohnmächtigkeit erscheint 1950 die Autoritarismusstudie eines Forscherteams um Adorno, dessen Grundthese, wonach die „Überzeugungen eines Individuums häufig ein umfassendes und kohärentes, gleichsam durch eine ‚Mentalität‘ oder einen ‚Geist‘ zusammengehaltenes Denkmuster“[87] bilden, bestätigt wird. Die vom American Jewish Committee finanzierte Studie sollte ursprünglich typische Charaktermerkmale von Antisemiten ergründen[88], doch wurden schon bald andere Charakterzüge ergänzt und das Konzept der autoritären Persönlichkeit entwickelt. Es hat sich in dieser Studie als bewiesen herausgestellt, dass Menschen, die auf der ‚F-Skala‘ hohe Werte hinsichtlich eines latenten Antisemitismus aufweisen, auch auf anderen Skalen, wie der Konformismus- und Autoritarismusskala, hohe Werte zeigen. Aus der Zusammenlegung aller Skalen wurde eine autoritäre Persönlichkeit abgeleitet, die sich unter anderem durch „Konformismus, autoritäre Unterwürfigkeit und Aggressivität, verkitschte Pseudoemotionalität (...), stereotypes, projektives Denken, Unfähigkeit zu Selbstreflexion und –kritik, Anfälligkeit für Vorurteile und Ethnozentrismus“[89] auszeichnet. Personen mit diesem Autoritarismussyndrom sind zudem anfälliger

---

[86] Horkheimer/ Adorno, Dialektik der Aufklärung, S. 199.

[87] Theodor W. Adorno, Studien zum autoritären Charakter, Frankfurt (Main) 1995, S.1.
Vgl. dazu die Gruppenexperimente von Friedrich Pollock zur Reflexion und Nachleben des Nationalsozialismus in Deutschland. Für die Auswertung schrieb Adorno ein Kapitel über qualitative Analyse, das zwar nicht mit Skalen arbeitet, aber auch sozialpsychologisch angelehnt ist.
Vgl.: Theodor W. Adorno, Schuld und Abwehr. Eine qualitative Analyse zum Gruppenexperiment, in: Ders., Soziologische Schriften II/Band 2, Frankfurt (Main) 2003, S. 123- 324.

[88] Vgl.: Horkheimer, Der soziologische Hintergrund, S. 23– 34.

[89] Ljiljana Radonic, Die friedfertige Antisemitin?. Kritische Theorie über Geschlechterverhältnis und Antisemitismus, Frankfurt (Main) 2000, S. 57f..

für antisemitische Vorurteile und neigen, so das Forscherteam, stärker zur Glorifizierung von Führerfiguren. Ähnliches beschreibt der mit Adorno befreundete Erich Fromm in seiner berühmten Abhandlung „Furcht vor der Freiheit". Nach Fromm haben die verschiedensten Formen des Masochismus, der dem Autoritarismus zu Eigen ist, „alle nur das eine Ziel: *das individuelle Selbst loszuwerden, sich selbst zu verlieren*; oder anders gesagt: *die Last der Freiheit loszuwerden.* Diese Ziel ist in jenem masochistischen Strebungen deutlich zu erkennen, wo der Betreffende sich einer anderen Person oder Macht zu unterwerfen versucht, die er als überwältigend stark empfindet."[90] (Hervorheb. im Original)

Wie der Psychologe Fromm, so führt auch Adorno die ‚Flucht in die Sicherheit' mit Hilfe Freuds auf die kindliche Erziehung zurück. Bei einer misslungenen Über-Ich-Integration, hervorgerufen durch eine stark patriarchalische Familienstruktur oder einer dominierenden Führerfigur in Kleingruppen[91], sind Kinder nicht fähig ein stabiles Ich auszubilden, „das einen gelungenen Ausgleich der vom Es ausgehenden Triebregung und der im Über-Ich verankerten gesellschaftlichen Normen und Zwänge herstellen kann."[92] Die daraus resultierende Ich-Schwäche führt zur starken Bindung der Individuen an äußere Autoritäten und gesellschaftliche Konventionen. Auch wenn der Blick der Kritischen Theorie sich von der Vaterfigur hin zu anderen Sozialisationsinstanzen (Lehrer, Kleingruppen, usw.) erst öffnen musste, ist die grundsätzliche Richtung der Kritik und der vorangehenden Analyse sozialpsychologischer Phänomene bereits in den 20er Jahren klar. Erich Fromm schreibt in „Studien über Autorität und Familie", dass „unter gesellschaftlichen Bedingungen, die eine Erstärkung des Ichs über ein bestimmtes Maß verhindern,

---

[90] Erich Fromm, Die Furcht vor der Freiheit, München 2005, S. 114.

[91] Wie Herbert Marcuse in „Das Veralten der Psychoanalyse" schreibt, ist die Vaterfigur selbst wirtschaftlich und politisch entmachtet. Auf dem ‚Weg zur autoritären Persönlichkeit' wird das Kind besonders durch außerfamiliäre Strukturen geformt. Marcuse schreibt dazu, dass „der Vater weiterhin die primäre Ablösung der Sexualität von der Mutter [darstellt], aber seine Autorität (...) nicht mehr durch seine spätere erzieherische und ökonomische Macht befestigt" wird.
Herbert Marcuse, Das Veralten der Psychoanalyse, in: Ders., Kulturkritik und Gesellschaft II, Frankfurt (Main) 1965, S. 85- 106, hier: S. 98.

[92] Ljiljana Radonic, Psychopathologie der Normalität. Die Bedeutung der Psychoanalyse für die Kritische Theorie, in: Grigat (Hg.), Feindaufklärung und Reeducation, S. 79- 98, hier: S. 85.

die Aufgabe der Triebverdrängung nur mit Hilfe der irrationalen Gefühlsbeziehung zur Autorität und ihrem innerseelischen Repräsentanten, dem Über- Ich, geleistet werden kann."[93]
Die als Vereinsamung empfundene Atomisierung des Menschen wird von ihm kompensiert durch die Überantwortung unter Regeln und Personen.[94] In dem Zustand der nun entstandenen Unfreiheit ist die Vereinsamung gleichzeitig Aggression. „Ein Schema, das in der Geschichte aller Verfolgung sich bestätigt hat, ist, dass die Wut gegen die Schwachen sich richtet, vor allem gegen die, welche man als gesellschaftlich schwach und zugleich – mit Recht oder Unrecht – als glücklich empfindet."[95] Und zum neuen Charakter der Gruppe heißt es im selben Text unter dem Fokus der Verfolgung eigener Interessen gegen andere: „Was dem widerspricht, der Herdentrieb der sogenannten *lonely crowd*, der einsamen Menge, ist eine Reaktion darauf, ein Sich-Zusammenrotten von Erkalteten, die die eigene Kälte nicht ertragen, aber auch nicht sie ändern können." [96] (Hervorhebung im Original)
Die gesellschaftliche Verknüpfung der psychischen Struktur der Individuen sieht Adorno in „der sozioökonomischen Lage bestimmter sozialer Klassen"[97] begründet. Besonders das Kleinbürgertum prädisponiert sich aufgrund seiner sozialen Lage, in der es befürchtet zwischen Großbürgertum und Proletariat aufgerieben zu werden, quasi selbst. An diesem Punkt überschneiden sich Adornos Ausführungen sehr mit den marxistischen Faschismusanalysen dieser Zeit. Es verwundert nicht, dass hier die Schnittmenge zu anderen Autoren

---

[93] Erich Fromm, Sozialpsychologischer Teil, in: Max Horkheimer/ Erich Fromm/ Herbert Marcuse, et al., Studien über Autorität und Familie. Forschungsberichte aus dem Institut für Sozialforschung, Lüneburg 1987, S. 77- 135, hier S. 110.
[94] Bereits Freud hat versucht das folgende Phänomen zu schildern. In „Massenpsychologie und Ich-Analyse" heißt es: „Da die Masse betreffs des Wahren oder Falschen nicht im Zweifel ist und dabei das Bewusstsein ihrer großen Kraft hat, ist sie ebenso intolerant wie autoritätsgläubig. Sie respektiert die Kraft und lässt sich von der Güte, die für sie nur eine Art von Schwäche bedeutet, nur mäßig beeinflussen." An diesem Punkt sollte die Kritische Theorie anknüpfen.
Sigmund Freud, Massenpsychologie und Ich- Analyse, Frankfurt (Main) 1967, S. 17.
[95] Theodor W. Adorno, Erziehung nach Auschwitz, in: Rolf Tiedemann (Hg.), Adorno. Eine Auswahl, Frankfurt (Main) 1971, S. 322- 339, hier: S. 325.
[96] Ebd., S. 335.
[97] Bergmann, Starker Auftakt, S. 226.

besonders groß ist.[98] So beschreibt auch Wilhelm Reich in seinem Werk „Die Massenpsychologie des Faschismus", dass das Kleinbürgertum im Kapitalismus seine Stellung potentiell verlor, sie bedingt aber noch mittels sexueller Selbstunterdrückung gehalten werden könne.[99] Die Kritische Theorie bezieht sich in ihrer Darstellung des Antisemitismus also nicht nur auf die Psyche des Einzelnen, sie stellt die gesellschaftlich wirkenden Faktoren zur Ausbildung dieser Psyche heraus und beschreibt dann wieder eher marxistisch: „Der bürgerliche Antisemitismus hat einen spezifischen ökonomischen Grund: die Verkleidung der Herrschaft in Produktion"[100]. Detlev Claussen, der an diesem Punkt an die Kritische Theorie anknüpft, beschreibt dahingehend den „Formwechsel des Antisemitismus – gekoppelt an den Wandel von unmittelbaren in vermittelte Herrschafts- und Knechtschaftsansprüche."[101] Dabei wird der Antisemitismus aus zwei Gründen in der bürgerlich-liberalen Gesellschaft systematisch, zum einen weil die pathische Projektion einer systemimmanenten Logik folgt, zum anderen weil „die Gesellschaft, die ihrer Form nach die kosmopolitische ist, die bürgerliche, (...) [den Antisemitismus] als konstitutive[s] Moment"[102] bedarf.
Unter Rückgriff auf Adorno und Horkheimer begreift auch Rensmann den „Antisemitismus als Reaktion auf Veränderungen der Familien- und Sozialstruktur und der gesellschaftlichen Autoritätsverhältnisse"[103] Auch hier steht die gestiegene Verfügungsgewalt der Gesellschaft gegen das Individuum hinter dessen Flucht in den Autoritarismus und in stereotypes Denken, dass den Antisemitismus befördere. „Antisemitismus hat sich historisch als ein besonders geeignetes autoritäres Angebot der Ersatzbefriedigung kristallisiert, da, (...) das antisemitische Feindbild eine ideale Projektionsfläche abgibt, und zwar für unerlaubte Sehnsüchte, verhasste Selbstanteile und gesellschaftliches Unbehagen des autoritär Disponierten gleichermaßen."[104] Warum der Machtlose Teil der Menge werden möchte, beschreibt Rensmann abschließend: „Eine

[98] Vgl.: Wolfgang Wippermann, Faschismustheorien. Die Entwicklung der Diskussion von den Anfängen bis heute, Darmstadt 1997, S. 27ff.
[99] Vgl.: Wilhelm Reich, Die Massenpsychologie des Faschismus, Köln 1986, S. 54- 77.
[100] Horkheimer/ Adorno, Elemente des Antisemitismus, S. 182.
[101] Claussen, Grenzen der Aufklärung, S. 53.
[102] Ebd.
[103] Rensmann, Kritische Theorie, S. 148.
[104] Ebd., S. 153.

völkische Ideologie vom deutschen Kollektiv, das sich auf dem antisemitischen Feindbild gründet, verspricht narzisstische Gratifikation und Teilhabe an Macht, nach der die autoritären Persönlichkeiten verlangen."[105]

Die Theorie der Frankfurter Schule und die an ihr anknüpfenden Gedanken von Claussen und Rensmann sind elaboriert und begreifen den Antisemitismus zunächst sozialpsychologisch, obwohl sich Adorno wahrscheinlich gegen diesen Begriff gewehrt hätte. Sie haben nur einen Nachteil: sie scheinen methodisch schlecht prüfbar zu sein. Bereits Bob Altemeyer hat auf die Schwierigkeit hingewiesen, einen ‚linken Autoritarismus' mit den Skalen der Berkeley-Forschungsgruppe zu erforschen. Aus diesem Zweifel heraus entwickelte er die äußerst anerkannte Right-Wing Autoritarismusskala.[106]
Für das weitere Vorgehen könnte es sich als Schwierigkeit herausstellen, die Aussage der Kritischen Theorie auf eine qualitative Erhebung anzuwenden. Wie mögliche Probleme aus dem Weg zu geräumt werden können, das soll an späterer Stelle, im methodischen Kapitel besprochen werden. Ein zweites Problem entsteht bei der Betrachtung des Erklärungsansatzes. Wie Klaus Holz mit Bezug auf die Systemtheorie Niklas Luhmanns einwendet, kann der kausale Erklärungsansatz Adornos et al. „Antisemitismus prinzipiell auf zwei Typen von Ursachen zurückführen: psychische und/oder gesellschaftliche."[107] An diesem Punkt ähnelt seine Beschreibung jener von Axel Honneth, der der älteren Kritischen Theorie ein soziologisches Defizit vorwirft.[108] Holz gibt dennoch zu, dass die Arbeiten der Frankfurter Schule „herausragen"[109], kritisiert aber ihre deduktive Erklärungsstrategie. Dagegen schlägt er vor, die „national-antisemitische Weltanschauung in ihrer inneren Strukturiertheit aufzuschlüsseln."[110] Das ist ein schwieriges Unterfangen, wenn man bedenkt, dass jener Rückgriff auf Luhmann, der sich bei der Referenz auf Semantiken ergibt, dem Anspruch der ‚soziologischen Reinheit' gerecht werden muss. Holz

[105] Ebd.
[106] Meines Wissens erstmals in der bekannten Arbeit von 1981. Vgl.: Bob Altemeyer, Right-Wing Authoritarianism, Winnipeg 1981.
[107] Holz, Nationaler Antisemitismus, S. 77.
[108] Vgl.: Axel Honneth, Kritik der Macht. Reflexionsstufen einer kritischen Gesellschaftstheorie, Frankfurt (Main) 2000, S. 70ff.
[109] Holz, Nationaler Antisemitismus, S. 77.
[110] Ebd., S. 95.

schließt seine Bemerkungen zur Forschungsfrage wie folgt: „Es fehlt an methodologisch reflektierten, an kommunikationstheoretischen und konstruktivistischen Theorien orientierten Analysen des nationalen Antisemitismus. Aus dieser Einschätzung des Forschungsstandes ergibt sich der Grundriss und die empirische Ausrichtung dieser Arbeit.“[111]

Auf den nächsten Seiten soll es um eine soziologisch-theoretische Darstellung der von Holz beschriebenen Notwendigkeiten auf dem Weg zur ausgereiften Antisemitismusforschung gehen. Dafür muss in erster Linie seine Habilitation „Nationaler Antisemitismus“ herangezogen werden, um neue Grundaussagen und Gedanken sinnvoll und verständlich kenntlich zu machen. Ermöglichte die breite Rezension der Werke der Frankfurter Schule einen vergleichsweise schnellen Überblick, so ist das 2001 publizierte Werk von Holz weitgehend unerschlossen. Sie soll nur in wesentlichen Punkten nachgezeichnet werden. Das ist ohne den Verweis auf die Arbeiten Zygmunt Baumans unmöglich.

3.2. „Nationaler Antisemitismus“. Klaus Holz und die antisemitische Semantik

Wie Bergmann in seinem Beitrag zur „Antisemitismusforschung in den Wissenschaften“ festhält, existieren momentan zwei neue Ansätze, die für die Antisemitismusforschung brauchbar gemacht werden sollten. Darunter zählt er zum einen Klaus Holz, zum zweiten den Philosophen Zygmunt Bauman.
Bauman, der sich häufig auf Simmel und Derrida bezieht, beschreibt, dass moderne Gesellschaften zur klaren Abgrenzung von Freund und Feind tendieren[112]. „Freunde und Feinde stehen in Opposition zueinander. Die ersten sind, was die zweiten nicht sind, und umgekehrt.“[113] Feinde werden auch als das

---

[111] Ebd., S. 24.
[112] Vgl. dazu auch: Zygmunt Bauman, Dialektik der Ordnung. Die Moderne und der Holocaust, Hamburg 1992.
[113] Zygmunt Bauman, Moderne und Ambivalenz. Das Ende der Eindeutigkeit, Frankfurt (Main) 1995, S. 73.

„Außen" gesehen und mit der „Negativität der Positivität des Innen"[114] identifiziert. In dieser Logik ergänzen sich Feinde nicht nur mit dem Status des Freundes, sie machen ihn auch erst möglich. Sollte es keine Feindschaft geben, gäbe es auch keine Freundschaft, weil sie nicht aus einer Ablehnung heraus konstruiert werden könnte. „Simmel folgend können wir sagen, dass Freundschaft und Feindschaft, und nur sie, Formen der Vergesellschaftung sind"[115]. Beide Seiten werden als Subjekte erkannt, beide Seiten ermöglichen erst die Differenz. Fremde hingegen, die Bauman in den durch die Diaspora über Europa verteilten Juden sieht, gefährden diese Ordnung von Freund und Feind und somit auch die Vergesellschaftung, indem sie ihre Logik ad absurdum führen. Da sie durch ihre bloße Existenz Opposition und Dichotomie grundsätzlich in Frage stellen, sind Fremde außerhalb jeder Weltsicht, sie sind gleichzeitig fähig Freunde und Feinde zu sein. Fremde sind dadurch nicht nur unklassifiziert, sondern unklassifizierbar und „demaskieren [somit] die brüchige Künstlichkeit der Trennung"[116]. Dadurch stellen sie „eine konstante Bedrohung für die Ordnung der Welt dar"[117] und müssen der Logik halber verschwinden.
Diese Gedanken finden sich auch bei Klaus Holz, der die Logik der Freund-Feind-Erkennung nutzt, um „den konstitutiven Zusammenhang von Nationalismus und Antisemitismus"[118] herzustellen.

Angelpunkt in den Ausführungen von Klaus Holz ist wie eingangs erwähnt, der Begriff „Semantik". Holz übernimmt den Terminus von Niklas Luhmann, der mit „Semantik" jene Kommunikation bezeichnet, die „einen höherstufig generalisierbaren, relativ situationsunabhängig verfügbaren Sinn"[119] herstellt. Semantiken konstruieren demnach Sinn als „bekannte und vertraute Muster".[120]

---

[114] Ebd.
[115] Ebd., S. 75.
[116] Ebd., S. 80.
[117] Ebd., S. 81.
[118] Werner Bergmann, Starker Auftakt, S. 234.
[119] Niklas Luhmann, Gesellschaftliche Struktur und semantische Tradition, in: Gesellschaftsstruktur und Semantik. Studien zur Wissenssoziologie der modernen Gesellschaft, Bd. 1., S. 9- 71, hier: S. 19.
[120] Ebd.

Um diese Muster ausfindig zu machen, orientiert sich Holz an der von Oevermann entwickelten Analysemethode der „Objektiven Hermeneutik“.[121] Davon ausgehend, dass der „moderne Antisemitismus (...) vor allem anderen durch seine Verknüpfung mit dem Nationalismus konstruiert“[122] ist, formuliert der Wissenssoziologe Holz die Konstruktion einer Wir-Gruppe als Gegensatz zur herrschenden Vorstellung von Juden. Dabei benennt er im Sinne Zygmunt Baumans die „Unterscheidung ‚unserer' von ‚fremden Nationen', [und] die Unterscheidung zwischen ‚allen Nationen' und ‚den Juden'“[123]. Letztere ist – im wahrsten Sinne- von entscheidender Bedeutung, da „die Juden“ nicht im Freund/Feind-Bild, sondern nur als Fremde, wie es bei Bauman heißt, auftauchen, muss der Antisemitismus sich als Exklusionsversuch auf sie beziehen. Antisemitismus ist somit Weltanschauung und nationale Selbstbeschreibung, legitimiert die eigene Weltsicht und greift mit dem Nationalismus ineinander bzw. ergänzt ihn. „Nationalismus, Antisemitismus und deren Verbindung zum nationalen Antisemitismus werden als Semantiken verstanden“[124], demnach „als kulturellen Wissensvorrat einer Gesellschaft“[125]. Vernachlässigt man bei der Analyse des Antisemitismus dessen kommunizierbare Gestalt, über die aber einzig die Struktur des Antisemitismus zu erkennen sei, verliert sich die Betrachtung in Äußerlichkeiten. Holz nimmt daher für sein Konzept des nationalen Antisemitismus in Anspruch, dass alle Erscheinungsformen des Antisemitismus (rassischer, christlicher, antizionistischer, etc.) als Spielarten eines nationalen beschrieben werden können. Diese Unterteilung findet man in der Gliederung des Buches. Sie präsentiert sich als chronologische Abhandlung antisemitischer Chiffren.

Für Holz entsteht der moderne Antisemitismus in der zweiten Hälfte des 19. Jahrhunderts. So thematisiert er im ersten empirischen Kapitel, „Postliberaler Antisemitismus (Treitschke)“[126], den berühmten Text Heinrich von Treitschkes zum Berliner Antisemitismusstreit. Die weiteren Kapitel hindurch, soweit als

[121] Ulrich Oevermann, Fallrekonstruktion und Strukturgeneralisierung als Beitrag der objektiven Hermeneutik soziologisch-strukturtheoretischen Analyse, Frankfurt (Main) 1981.
[122] Klaus Holz, S. 12.
[123] Ebd., S. 29.
[124] Ebd., S. 15.
[125] Ebd., S. 15f.
[126] Ebd., S. 165- 247.

Vorwort, spricht Holz von einer neu eröffneten Dichotomie, die sich aus „nationaler Identität“ und „jüdischer Nicht-Identität“ zusammensetzt. Es werden über vier unterschiedliche Prozesse, Ontologisierung, Ethnisierung, Abstraktion und Personifikation, die jeweiligen Eigenschaften als konstitutive und gruppenspezifische zugeteilt. Während über Ontologisierung nicht zu verändernde, pauschalisierte Wesenszüge von Abstammungsgemeinschaften beschrieben werden, ordnet der Antisemit diese in der Ethnisierung von Außen zu. Schicksalhafte Wendungen in der Geschichte, Phänomene, die schwer erklärbar sind, müssen durch Personifikation an einzelne Individuen gebunden werden, deren Wesen die jeweilige Tat entspreche. „An dieser Stelle haken die Abstraktionen ein. Die Abstraktionen ergänzen die ontologische und ethnische Bestimmung durch weitere generelle Attributionen.“[127] In der Sinnstruktur, die durch die Prozesse geschaffen wurde, sind Juden nicht nur Feinde, sie sind so wie vorher schon bei Baumann, Außenstehende eines nationalstaatlichen Musters und werden daher gesellschaftlich notwendig mit Negativbildern von nicht-identischen Egoisten dargestellt. „Mit dieser Konzeption des ‚nationalen Antisemitismus‘ gelingt auch eine klare Abgrenzung gegenüber Xenophobie, denn ein nach Deutschland eingewanderter Pole sprengt nicht das ‚nationale Prinzip‘.“[128] Die Grundeigenschaft des „nationalen Antisemitismus“, die Unterteilung in Identität und Nicht-Identität, Gemeinschaft und Gesellschaft, Opfer und Täter, findet sich in allen Chiffren des Antisemitismus wieder, allein der Kontext der Argumentation ändert sich. Dies soll an zwei Kapiteln exemplarisch dargestellt werden.

Hitler, von Holz als der erste Antisemit, der eine radikale politische und rassische Umwälzung als Lösung auf die „Judenfrage“ benannte, bezeichnet, steht stellvertretend für einen nationalsozialistischen Antisemitismus. Durch die „Volksgemeinschaft“, in der soziale Differenzen durch einen ‚nationalen Sozialismus‘ nivelliert sind, sei es möglich, gegen den „internationalen Kommunismus“ und seinem geheimen Bündnis mit Börsen und Finanzkapitalisten zu bestehen. Der Autor knüpft damit direkt an die neuere Forschung an und beschreibt den Nationalsozialismus von seinem

[127] Ebd., S. 240f..
[128] Bergmann, Starker Auftakt, S. 235.

Selbstanspruch und seiner ideologischen Fetischisierung der Arbeit her.[129] Stellvertretend wird dafür eine Rede Adolf Hitlers von 1920 analysiert[130], dass durch eine rassische Verwandtschaft der Seelen für Deutsche nur gemeinschaftliche Lebensformen möglich seien. Ein Gesellschaftsmodel, wie es der Liberalismus kennt, sei hingegen durch Juden etabliert und nicht wie die „Volksgemeinschaft" Ausdruck innerdeutscher Solidarität. Die Ontologisierung hingegen wird von Hitler, anders als bei vorhergehenden Antisemiten, zugunsten eines Rassebegriffs, der vollends Naturgesetzen zugeschrieben wird, aufgegeben. Juden sind demnach in jeder Lebensphase in ihrem ‚jüdischen Wesen' gefangen und verhalten sich auch so, „typisch jüdisch". Holz schreibt, dass die Abstraktionsebene von Hitler sehr eng ausgeführt wird. Was seinen Antisemitismus als gefährlichsten ausmacht, ist die Handlungsoption, die er als „Lösung der Judenfrage" suggeriert. „Entscheidend ist", so Holz, „dass die Zuspitzung der Sinnstruktur mit einer Programmatik der politischen Realisierung von Verfolgungspraxis verbunden wird."[131] Neben den Gegensatzpaaren von Gemeinschaft und Gesellschaft, Identität und Nicht-Identität und Opfer und Täter, drängt Hitler in seiner Rede zur Auflösung der zweiten Kategorie, zur Vernichtung der Juden.

Als Resultat der ausgeführten Vernichtung, zeitlich im Anschluss an den Zweiten Weltkrieg und die Shoah, kommt es zur Änderung des Antisemitismus[132], der als „in der demokratischen Öffentlichkeit kommunizierte Antisemitismus (...), [noch immer] in der Kontinuität der antisemitischen Semantik"[133] steht. Obwohl die Grundmuster des Antisemitismus gleich bleiben, tritt Ethnisierung laut Holz nur noch latent auf. Dazu kommt eine

[129] Zwei weitere Arbeiten müssen an dieser Stelle genannt werden. Zunächst ist auf das lesenswerte Buch über den „deutschen Arbeitsbegriff" von Andrea Woeldike und Holger Schatz zu verweisen, das die Traditionen des Arbeitsfetisch aufzeichnet und detailliert auf seine antisemitische Projektion eingeht. Vgl.: Holger Schatz/ Andrea Woeldike, Freiheit und Wahn deutscher Arbeit. Zur historischen Aktualität einer folgenreichen antisemitischen Projektion, Hamburg/Münster 2001. Zweitens das neue Werk von Michael Wildt, der das Konzept der Volksgemeinschaft nicht als regierungspolitische Zielsetzung, sondern als populäre, plebejische Mobilisierungsstrategie versteht. Vgl.: Michael Wildt, Volksgemeinschaft als Selbstermächtigung. Gewalt gegen Juden in der deutschen Provinz 1919 bis 1939, Hamburg 2007.

[130] Vgl.: Holz, Nationaler Antisemitismus, S. 359- 430.

[131] Ebd., S. 430.

[132] Analysiert wurde hier ein Artikel zur Waldheimaffäre. Vgl.: Ebd., S. 483ff..

[133] Ebd., S. 530.

Kommunikationslatenz, über die weitere Sinnzusammenhänge im antisemitischen Denken nur erahnt, nicht aber nachgewiesen werden können. Diesen Punkt der Holzschen Analyse kann man für die empirische Untersuchung fruchtbar machen:

„Mit Abstand am wichtigsten ist die Latenz der sachlichen und teils sozialen Bestimmung des Nationalsozialismus und der Judenvernichtung, die nicht geleugnet oder verschwiegen werden, sondern deren angemessene Thematisierung vermieden wird. Somit wird die ungewöhnlich direkt und offen formulierte Täter-Opfer-Umkehr ermöglicht, die ihrerseits die Vorraussetzung für die Erklärung der ‚jüdischen Vergangenheitsbewältigung' ist."[134]

Die Vergangenheitsbewältigung mit den überlebenden Opfern wird zur Konstruktion der Gegenwart neuer Täter, die aggressiv, unversöhnlich und intrigant seien. Ein ähnliches Motiv der Schuldabwehr und des Antisemitismus ist bereits in der Begriffsbestimmung zum „sekundären Antisemitismus" dargestellt worden. Dabei wird es vermieden die „jüdische Identität" mit diesen Worten zu beschreiben, Ontologisierung findet sich demnach kaum. Der sekundäre Antisemitismus kann in Anlehnung an Holz nicht mehr als Weltanschauung bezeichnet werden, da er aufgrund der „Vergangenheitsbewältigung" nicht öffentlich, vollständig und somit in allen Konsequenzen ausgebreitet werden kann. Eine „antisemitische ‚Vergangenheitsbewältigung' ist nur durch die Täter-Opfer-Umkehr möglich."[135]

So wie zwei Kapitel der umfangreichen Studie zum „Nationalen Antisemitismus" reichen, um das dahinter stehende Konzept grob zu verdeutlichen, ist es mir wichtig in knapper Form die Grundhypothesen dieses Entwurfs einer Theorie über den Antisemitismus darzustellen. Bezug muss dabei genommen werden auf das neueste Werk des Wissenssoziologen über „Die Gegenwart des Antisemitismus". Holz fasst darin die wichtigsten Thesen erneut zusammen, um den Islamistischen Antisemitismus als europäischen Export und daher als mit dem modernen Antisemitismus verwandt zu charakterisieren. Auch

[134] Ebd., S. 534.
[135] Ebd., S. 537.

hier arbeitet er die Dichotomie Gemeinschaft und Gesellschaft als Grundmuster der Judenfeindschaft heraus.

„Jeder Antisemitismus erhebt eine umfassende Klage gegen die moderne Gesellschaft und gegen die Zerstörung der angeblich traditionellen, harmonischen und authentischen Lebensformen. Dabei werden die Juden insbesondere für den Materialismus, die ‚Geldwirtschaft' und eine amoralische Verrohung verantwortlich gemacht."[136]

Als Urheber eines nicht-harmonischen Zusammenlebens treten Juden nur in Erscheinung, weil sie im Antisemitismus „die zentralen modernen Machtmittel und die Medien"[137] personifizieren. Dies ist das zweite Merkmal, das Holz benennt. Es ergänzt sich mit der Figur des Dritten, das von Zygmunt Bauman übernommen wurde. „Im Antisemitismus sind die Wir-Gruppen immer partikulare Gruppen, die in aller Regel als Volk, Rasse und/oder Religionsgemeinschaft konzipiert werden. Zweitens sind solche partikularen Gruppen notwendigerweise nicht singulär. Dem deutschen Volk steht daher das französische gegenüber, den Ariern die Slawen, den Muslimen die Christen."[138]

Juden, die dieser nationalen Dichotomie widersprechen, weil ihre Existenz bereits die Wahrnehmung zwischen Eigengruppe und Fremdgruppe ad absurdum führt, werden als Bedrohung für die Verfasstheit der Welt gesehen. Eine Beschreibung der Welt aus Sicht der eigenen Wir-Gruppe stößt an Grenzen, wo Gegenbeispiele diesem Muster widersprechen. Dies drängt zur antisemitischen Tat: „Da die Welt national, rassisch bzw. religiös zu ordnen ist, wird der Dritte aus der Welt gerückt. Er ist der große Antagonist aller Wir-Gruppen, der große Verschwörer und Zersetzer aller Ordnung."[139] Eine abschließende Annahme zielt auf den Bezugsrahmen der Eigengruppe ab. Holz unterscheidet hier Religion und Nation, um anschließend deutlich zu machen, dass der Identität des Dritten, die nationale Identität entgegensteht. Ähnliches ist oben bereits mit dem Begriff der jüdischen „Nicht-Identität" zum Ausdruck gekommen.

---

[136] Holz, Die Gegenwart des Antisemitismus, S. 23.
[137] Ebd., S. 27.
[138] Ebd., S. 31.
[139] Ebd., S. 36.

Um dieses Kapitel abzuschließen, lohnt sich ein utilitaristischer Ausblick auf die folgenden Schritte. Holz hat zweifellos mit seinen Überlegungen zu Nationalismus und Antisemitismus für eine soziologische Betrachtung dieser Phänomene geworben, die ohne eine Analyse der Sinnzusammenhänge in der Kommunikation des antijüdischen Ressentiments nicht zu machen ist. Im Folgenden wird der Semantikbegriff wie er bei Holz und Luhmann zu finden ist verwandt, um neben Inhalt auch Sinneinheiten in den Interviewsequenzen rekonstruieren zu können. Dies ist deswegen bedeutend, weil Holz sich mit seinen Ausführungen zum sekundären Antisemitismus, der ohne Täter-Opfer-Umkehr nicht auskommt, einig wissen kann mit Bergmann, Erb und Heitmeyer. Zur Rekapitulation: Bergmann und Erb begegneten in der ersten großen Antisemitismusstudie seit 1945 der „Kritik (...), dass die Befragten sozial erwünschte Antworten gäben und ihre antijüdische Einstellung zu verbergen trachteten“[140] mit dem Begriff der Kommunikationslatenz. Um mögliche Verzerrungen zu vermeiden und um messbar zu machen, wie heikel betroffene Personen das Befragungsthema einschätzen, bildeten sie einen Latenzindex. Wiesen die Befragten keinerlei Scheu auf über Antisemitismus zu sprechen, fielen sie aus der Gruppe der latenten Antisemiten heraus. Gleichzeitig konnte gezeigt werden, dass bei stark empfundenen Latenzdruck trotzdem antisemitisch geantwortet wurde. Die Forscher zogen daraus den Schluss, dass Antisemiten sich nicht in der Minderheit sehen: Je radikaler die eigene antisemitische Anschauung, desto verbreiteter die übersteigerte Selbsteinschätzung.
Die vorliegende Untersuchung bezieht sich weder auf radikale Antisemiten noch auf die Träger nichtantisemitische Einstellungen, sondern auf die Trenngruppe zwischen beiden. Auch wenn Bergmann und Erb versuchten eine Schweigespirale einzuschränken, so gilt es dennoch auszuloten, wie eine tendenziell antisemitische Person ihren Antisemitismus zu äußert. Mit den Analyseinstrumenten, die Klaus Holz in seiner Habilitation vorschlägt, ist dies zu realisieren. Nur durch eine detaillierte, hermeneutische Untersuchung kann der tatsächlich antisemitische Gehalt einer scheinbar belanglosen Aussage[141] bestimmt werden.

[140] Bergman/ Erb, Antisemitismus in der Bundesrepublik, S. 279.

[141] Die scheinbare Belanglosigkeit kommt, wie Henryk M. Broder beschreibt, dadurch zustande, dass vom Betroffenen zuvor seine Vorurteilslosigkeit beschworen wurde. Broder

Exkurs II: Die Gruppendiskussion als Interaktionssituation

„Die Verpflichtung, sich einer Konversation spontan zu widmen, und die Schwierigkeit, dies wirklich zu tun, bringen den einzelnen in eine heikle Lage. Hier helfen ihm nur seine Gesprächspartner, indem sie ihr eigenes Verhalten so kontrollieren, dass er vom angemessenen Engagement nicht abweichen muss. Aber in dem Augenblick, in dem ihm geholfen wird, muss er entsprechend auch anderen helfen; seine Aufgabe als Interaktionspartner wird also nur um so komplizierter."[142]

Erving Goffman beschreibt hier die Gegenseitigkeit in Interaktionszusammenhängen.[143] Das Gruppeninterview entspricht grundsätzlich einer Interaktionslogik, die Engagement und Verhaltensabstimmung kennt. Wie in jeder Interaktion werden Abstimmungen getroffen und Identitäten wahrgenommen und bewertet. Dennoch aber unterscheidet sich die Situation eines Gruppeninterviews erheblich von anderen sozialen Situationen. Wesentliche Unterschiede liegen in der Anerkennung von Gesprächsinhalten und in der Themenwahl. Werden Themen in Alltagsinteraktionen teilweise bewusst, teilweise unbewusst gewählt oder vermieden, existiert in der Interviewsituation keine Möglichkeit zur Themenwahl, sondern nur deren Ausweichung. Das Thema als Objekt des Gesprächs aber wird von außen durch den Moderator eingebracht, der damit den Verlauf der Interaktion erheblich beeinflusst. So wie die „Initiierung von Kontakt zwischen Bekannten und Unbekannten voluntaristisch geregelt wird von denen, die kommunikativen

fasst das im Satz, „Ich bin kein Antisemit, aber…", zusammen. Hendryk M. Broder, Der ewige Antisemit. Über Sinn und Funktion eines beständigen Gefühls, Berlin 2005, S. 12.

142 Erving Goffman, Entfremdung in der Interaktion, in: Ders., Interaktionsrituale. Über Verhalten in direkter Kommunikation, Frankfurt (Main) 1991, S.124- 150, hier: S. 127.

143 Anders als gemeinhin angenommen, hat sich Goffman ab der konversationsanalytischen Wende seines Spätwerkes wissenschaftlich mit Gesprächssituationen beschäftigt; sein Vorgehen ähnelt der Ethnomethodologie Garfinkels. Ich werde mich stärker auf Goffman als auf Garfinkel beziehen, um zu beschreiben, was die Interviewsituation ausmacht. Vgl.: Jörg R. Bergmann, Goffmans Soziologie des Gesprächs und seine ambivalente Beziehung zur Konversationsanalyse, in: Robert Hettlage/ Karl Lenz (Hg.), Erving Goffman- ein soziologischer Klassiker der zweiten Generation, Stuttgart 1991, S. 301- 326, hier: S. S. 304ff.

Kontakt suchen“[144], so unterliegt auch der Gesprächsverlauf für die Teilnehmenden der unbekannten Größe „Moderator“.
In dieser Situation des Halböffentlichen, in der die Gruppe aus Vertrauten um den unbekannten Moderator erweitert wurde, ein Thema anzuschneiden, dass gewöhnlich tabuisiert wird oder Stammtischthema ist, scheint heikel. Neben der ungleichen Gesprächsverteilung, die bei Gruppeninterviews immer wieder beklagt wird und zumeist vom Status des Teilnehmenden abgeleitet werden kann, muss der Einzelne Identitätsbeschädigung riskieren. Die Diskussionsgruppe besteht für das Individuum aus bereits bekannten Anderen, die für ihn erwartbar und für die er erwartbar ist. Sobald ein außergewöhnliches Thema Gegenstand eines Gesprächs in der Gruppe wird, erodiert die Erwartbarkeit der Anderen. Bei einer falschen, das heißt identitätsinkonsistenten, Antwort muss es unter Umständen Statusverlust in der Gruppe oder Sanktionsmöglichkeiten befürchten. Dieses Risiko kann den Einzelnen dazu veranlassen, das Gespräch zu meiden.
Eine Gruppe ist keine homogene Einheit, in ihr gibt es Aufsteiger und Absteiger. Neben jenen, deren Bewusstsein zur Kommunikation drängt, existiert eine Gruppe von Außenseitern, die in Gesprächsituationen sich besonders hervortun könnten. In einer Logik, die auch Goffman in „Stigma“ beschreibt, „können Professionelle, die einen Ingroup- Standpunkt vertreten, eine militante und chauvinistische Linie verfechten – sogar bis zu dem Ausmaß, eine sezessionistische Ideologie gutzuheißen.“[145] So wie das stigmatisierte Individuum es sich zunutze machen kann, sein Stigma aggressiv anzusprechen, so kann der Außenseiter seine Außenseiterrolle dadurch kultivieren (und womöglich seine Stellung in der Gruppe verbessern), indem er sich von der Mehrheitsmeinung nicht beugt oder reflexartig widerspricht. Beide Reaktionen sind Ergebnisse des Einbruchs eines Dritten in einen sonst geschlossenen Bereich. Vergleichbar mit der Box, einem „deutlich begrenzten Raum, auf den Individuen temporären Anspruch erheben können“[146], existiert ein gemeinsamer

---

[144] Erving Goffman, Verhalten in sozialen Situationen. Strukturen und Regeln der Interaktionen im öffentlichen Raum, Gütersloh 1971,S. 144.

[145] Erving Goffman, Stigma. Über Techniken der Bewältigung beschädigter Identität, Frankfurt (Main) 1990, S. 142.

[146] Erving Goffman, Das Individuum im öffentlichen Austausch. Mikrostudien zur öffentlichen Ordnung, Frankfurt (Main) 2007, S. 59.

und nach außen abgeschirmter Raum innerhalb von Kollektiven, die ein entsprechendes Territorium funktional besetzen.
Spezielle Beachtung in der Auswertung müssen jene aktiven Teilnehmer geschenkt bekommen, die sich in der Gruppenerhebung besonders hervortun. Die Ursache für ihr Engagement kann in ihrer Außenseiterrolle[147] oder aber in ihrer alltäglich-ostentativen Aktivität begründet liegen. Für die Auswertung heißt das, dass die Reaktionen der Anderen als ein Indikator für einen jeweiligen sozialen Status gedeutet werden können. Es heißt aber auch, dass die Mehrheitsmeinung wesentlich von aktiven Gesprächspartnern beeinflusst wird. Ein zweiter Fokus muss auf diesen Punkt der Dependenz gelegt werden.
Dabei wird innerhalb der Gruppe, wie in der Gesellschaft „[d]ie Grenze zwischen der gesunden und der pathogenen Meinung (...) in praxi von der geltenden Autorität gezogen, nicht von sachlicher Einsicht."[148] Auch in Gruppeninterviews stellt sich eine kollektive Meinung so zumeist dar als ein „Durchschnitt der Meinungen"[149]. Sie kann, darauf hat Adorno hingewiesen, zum „Fetisch [werden], auf den die Attribute der Wahrheit sich übertragen."[150]
Hiermit tritt als ein weiteres Merkmal des Gruppeninterviews, die Pauschalisierung einer gefundenen Gruppenmeinung als Wahrheit, hervor. Sie findet sich auch im Alltag immer dann, wenn öffentliche Meinung „als der statistische Durchschnittswert der Meinungen aller Einzelnen"[151] gilt.

---

[147] Vgl.: Goffman, Stigma, S. 140f.
[148] Theodor W. Adorno, Meinung, Wahn, Gesellschaft, in: Ders., Eingriffe. Neun kritische Modelle, Frankfurt (Main) 1966, S. 147- 172, hier: S. 153.
[149] Ebd., S. 160.
[150] Ebd.
[151] Ebd., S. 164.

4. Datenanalyse

4.1. Ein Überblick über Einstellungen

Umberto Eco beschreibt, dass jeder Text „eine faule Maschine [ist], die vom Leser einen Teil ihrer Arbeit zu tun verlangt.“[152] Das trifft in besonderem Maße auf die folgenden Interviewsequenzen zu. Es würde den Rahmen an dieser Stelle sprengen, ginge man auf alle Interviewsequenzen gleichermaßen ein. Das daraus resultierende Problem, wichtige Gesprächssequenzen herauszufiltern und in verschiedenen Kategorien zusammenzubringen, ist ein notwendig-methodisches. Adorno weist in der Einleitung der „Negativen Dialektik“ darauf hin, dass bei der Betrachtung eines Gegenstandes, dieser bereits verändert wird.[153] Dies ist auch im Folgenden nicht zu vermeiden. Vorab wurden vier Dimensionen gebildet, denen wiederum einzelne Interviewsequenzen zugeordnet wurden. Der sich daraus ergebende holzschnittartige Überblick dient vorrangig dazu, das Auftreten antisemitischer Einstellungen darzustellen. Erst in einem anschließenden Schritt, den Dimensionen fünf und sechs, wird auf tiefenpsychologische Mechanismen und kommunikationsdynamische Prozesse hingewiesen.[154] Jene zwei weiteren Dimensionen verbinden die Auswertung mit den theoretischen Ansätzen der Frankfurter Schule und der Semantikanalyse von Klaus Holz. An dieser Stelle werde ich mit Anlehnung an Ritserts Inhaltsanalyse weitestgehend interpretativ vorgehen, um Projektionen und Tabuschranken in den Interviewsequenzen ausfindig zu machen.

---

[152] Umberto Eco, Im Wald der Fiktion. Sechs Streifzüge durch die Literatur, München 1994, S. 11.

[153] Vgl.: Axel Honneth, Gerechtigkeit im Vollzug. Adornos „Einleitung“ in die Negative Dialektik, in: Ders., Pathologien der Vernunft. Geschichte und Gegenwart der Kritischen Theorie, Frankfurt (Main) 2007, S. 93- 111.

[154] Dabei werde ich eher psychodynamisch im Sinne der Kritischen Theorie vorgehen. Andere Ansätze, allen voran kognitive und konflikttheoretische, habe ich wahrgenommen, mich aber aufgrund der ideologischen Nähe des Antisemitismus zum Autoritarismus gegen ein solches Vorgehen entschieden.

4.2. Dimensionen der Ablehnung

Neben den drei spezifisch antisemitischen Dimensionen, die aus dem Codierbogen hervorgehen, wurde die Selbsteinschätzung hinsichtlich der Vorurteilsneigung als eigene Dimension zusammengefasst. Dies hat folgenden Vorteil: Die daraus ersichtliche Linie orientiert sich an subjektiv- eingeschätzter Vorurteilsneigung, die definiert wird als Tendenz zur Übernahme unreflektierter Einstellungen und Teil der Charakterstruktur ist[155], und weiterhin dem Auftreten von Stereotypen im engeren Bezugskontext. Ausgehend von dieser allgemeinen Frage lässt sich dem Antisemitismus als spezifischem Problem nähern. Diese Chronologie in der Auswertung erlaubt, das Auftreten antijüdischer Ressentiments in Abhängigkeit zur Vorurteilsneigung im Bezugskontext zu untersuchen.[156]

Dimension I
Auftreten verschiedener Vorurteile im Bekanntenkreis

Ein „Vorurteil" schildert die noch ausgebliebene Prüfung eines objektiven Tatbestandes. Als Urteil vor der Erfahrung ist es jederzeit zu untersuchen und gegebenenfalls zu korrigieren. Auffallend häufig wurde in den Gesprächssituationen das „Vorurteil" synonym zu „Stereotype" verwendet. Anders als beim Vorurteil handelt es beim Stereotyp um einen feststehenden Katalog zugeschriebener Eigenschaften. Das griechische Präfix „stereos" ist im Deutschen mit „starr" zu übersetzen. Die fehlende Flexibilität und der Mangel an Reflexion, die dem Stereotyp inhärent sind und welche es vom Vorurteil unterscheiden, basieren auf der Einfachheit und Verallgemeinerung der Beschreibung. „Stereotyp" ist damit eindeutig negativ in seiner Bedeutung.

---

155 Adorno, Autoritärer Charakter, S. 37ff.

156 Methodisch orientiere ich mich an den Ausführungen von Klaus Merten. Interviewsequenzen wurden von mir mit Hilfe des Datenverarbeitungsprogramms MaxQda Kategorien zugeordnet. Vgl.: Klaus Merten, Inhaltsanalyse. Einführung in Theorie, Methode und Praxis, Opladen 1995, S. 340f.

Die sozialwissenschaftliche Verwendung des Vorurteilsbegriffes ist letztendlich eine andere, als die sprachanalytische Vorüberlegung zunächst vermuten lässt. Hier sind Stereotype und Vorurteile miteinander identisch. Es bietet sich demnach an, ein eigenes Vorurteilsverständnis der Auswertung voranzustellen. In meiner Begriffsauslegung stellen Vorurteile eine Teilklasse der Einstellungen dar. Sie heben sich vom Oberbegriff „Einstellung“ durch ihre meist negativ oder ablehnende Beurteilung externer Objekte (meist Menschen oder Menschengruppen) ab. Der Begriff des Vorurteils geht von „Urteilen über die Welt vor der Erfahrung“[157] aus. Ein solches Urteilen ist – wie oben dargelegt – zur Daseinsbewältigung im gewissen Umfang unentbehrlich. So könnte man die Bildung von Vorurteilen auch als eine zwangsläufige Reaktion auf Fremdes verstehen.

In den Gesprächen wurde das „Vorurteil“, wie in der sozialwissenschaftlichen Forschung auch, negativ konnotiert, es beschreibt etwas, von dem man sich selbst distanzieren möchte, dem man ablehnend gegenübersteht. Die gestellte Frage, wie das Auftreten von Vorurteilen im Bekanntenkreis eingeschätzt wird, provozierte zwei unterschiedliche Positionierungen der Befragten. Die Struktur ihrer Aussagen verweist auf die beiden Ebenen der Selbsteinschätzung sowie der Fremdeinschätzung des Bezugskontextes. Fast alle Beteiligten beschrieben sich selbst als vorurteilsfrei. Bereits Leo Löwenthal hat in seiner Studie über rechtsradikale Agitation in den USA der 40er Jahre auf die Schwierigkeit hingewiesen, die sich mit der subjektiven Selbstdarstellung als Vorurteilsfreier verbindet. In der Einleitung des Antisemitismuskapitels schreibt er: „Wir haben es hier ausschließlich mit den stereotypen Behauptungen über Juden und Vorstellungen von ihnen zu tun, wie sie im Agitationsmaterial erscheinen, und mit dem Weg, auf dem der Agitator diese Stereotypen zu einem logisch widersprüchlichen, aber psychologisch konsistenten Bild von Juden entwickelt und umformt“[158]. Das Stereotyp wird dabei nicht als solches von dessen Träger wahrgenommen. Unter dem Deckmantel der Objektivität kann es dennoch zu höchst verzerrten Einstellungen und Aussagen kommen.

---

[157] Franz W. Dröge, Publizistik und Vorurteil, Münster 1967, S. 122.

[158] Leo Löwenthal, Falsche Propheten. Studien zum Autoritarismus, Frankfurt (Main) 1990, S. 77.

Sicherer, d.h. nachvollziehbarer als die Selbsteinschätzung der Befragten, scheint mir die Beschreibung ihres sozialen Bezugskontextes. Zwar ist hier zu befürchten, dass freundschaftliche Bindungen eine Übernahme diverser Einstellungen befördern können, dennoch erlaubt die Fragestellung eine Distanzierung vom Bekanntenkreis. Empirisch konnte dies einige Male festgestellt werden. Meist im Zusammenhang mit der Wahrnehmung einer anderen Gruppenzugehörigkeit, die in den häufigsten Fällen national strukturiert war, berichteten die Befragten von Vorurteilen gegen Polen, Engländer, Deutsche, Homosexuelle und Blondinen. Sie selbst distanzierten sich von den als falsch und oberflächlich bezeichneten Bildern.

Dabei kam es gelegentlich zur Verbindung beider Ebenen von Selbst- und Fremdeinschätzung. Dazu das Beispiel eines jungen Teilnehmers aus dem Volleyballteam:

V4: Ich denke, jetzt in meinem Bekanntenkreis ist das nicht so, aber ich denke, dass schon Viele, also Menschen, die das gar nicht betrifft oder betreffen sollte, Vorurteile haben. Aber bei mir jetzt eigentlich nicht, nein.

Deutlich distanziert sich der Sprecher vom Auftreten und der Verbreitung von Vorurteilen und beschreibt seine nähere Umgebung als vorurteilsfrei. „Vorurteil" ist seiner Einschätzung nach sakrosankt. Ähnlich heißt es in einer anderen Gesprächssituation mit Physikstudenten:

P4: Also, sonst denke ich mal sind wir eigentlich vorurteilsfrei. (2Sek. Pause) Also, ich habe noch nicht mitbekommen, dass da wirklich.

P2: Stimmt, so richtig Vorurteile habe ich auch noch nicht.

P3: Ja, ja.

P2: So wirklich Vorurteile habe ich auch noch nicht mitbekommen, dass jemand sehr voreingenommen ist.

Die drei jungen Männer verständigen sich in dieser Interviewsequenz auf den Zusammenhang von Vorurteil und Engstirnigkeit. Das Adjektiv „voreingenommen" steht im Widerspruch zu jeder Objektivität, vermittelt eine Distanz und ungerechtfertigte Ablehnung von Neuem. Das Adjektiv erscheint dabei als die logische und zwingende Verhaltensausprägung bei Vorurteilen.

Diese Wahrnehmung durchzieht vier der fünf Diskussionsrunden. Die einzige Ausnahme bildet die Diskussion mit sozialwissenschaftlichen Studierenden. Diese Gesprächssituation hebt sich in zwei Punkten von den übrigen ab. Wird sonst in allen Gesprächen von Vorurteilsfreiheit im engen Bekanntenkreis gesprochen, dreht sich im folgenden Beispiel das Verhältnis fast um. Eine Teilnehmerin fasst das bis zu diesem Zeitpunkt fünfminütige Gespräch zusammen:

G1: Naja, aber es ist ja wirklich so. Die Konstruktion von Identitäten ist ja auch schützend für das Individuum, um sich in der Welt zu recht zu finden und deshalb geht es gar nicht ohne Vorurteil. Du müsstest ja jeden Menschen neu kennen lernen.

Gleichzeitig aber wird von einer Teilnehmerin, und das stellt die zweite Abweichung zu den anderen Interviews dar, aus der Diskussion über Vorurteile die Akzeptanz für bestimmte Vermutungen als reale Beschreibung generiert. Vorurteil, Wahrnehmung und Erfahrung werden so zusammengebracht. Über die Einordnung und Definition von Vorurteilen entbrennt ein Streit:

G1: Also ich habe schon im Freundeskreis Menschen, die sich, nicht aggressiv, aber dann doch mit Vorurteilen gegen Homosexuelle. Menschen, die sich tendenziell homophob äußern.
G2: Aber das ist doch albern, alles was man sagt, alle politischen Einschätzungen, die man jetzt so äußert, auch als Vorurteil zu begreifen.
G1: Na, aber wenn in deiner Familie jetzt gesagt wird, dass bestimmte Nationalitäten, also dieser Spruch: „Die Polen nehmen uns doch die Arbeitsplätze weg.“ Also, das kommt bei mir im Be- und Verwandtenkreis vor.
G2: Aber das kommt ja auch das eine oder andere Mal vor.
G1: Naja, aber es ist ja trotzdem ein Vorurteil.

Uneinig sind sich die beiden Teilnehmerinnen über die Zuordnung von Einstellungen. Dem Einwurf der zweiten Probandin, nicht „alle politischen Einschätzungen (...) auch als Vorurteil zu begreifen“, widerspricht ihre Gesprächspartnerin. Sie antwortet mit dem einschlägigen Klischee, wonach Polen in Deutschland Arbeitsplätze besetzen würden, das in ihrem Verwandtenkreis verbreitet sei. Auf diese Bemerkung verbindet die zweite Probandin dieses Beispiel mit ihrer Wahrnehmung der Realität und beschreibt, dass jener Satz nicht jenseits der Wirklichkeit existiert. „[D]as kommt ja auch

(...) vor." Auf den erneuten Einwurf, es handelte sich dennoch um ein Vorurteil, reagiert sie nicht mehr.

Diese Situation ist von zweifacher Relevanz. Während in den meisten Interviews der Begriff „Vorurteil" negativ besetzt ist, deuten die Gesprächsteilnehmer hier auf die sinn- und orientierungsstiftende Funktion hin. Ihre Beschreibung, Vorurteile seien überall anzutreffen, ergänzt meine einführenden Bemerkungen, wonach es sich beim Vorurteil um ein noch erfahrungsloses Urteil handelt. Von dieser Position aus erscheint ihre Einschätzung als realistischer und zutreffender als die restlichen Antworten. Der Terminus „Vorurteil" aber wird anschließend höchst subjektiv und beliebig verwendet. Homophobie, die als Beispiel angebracht wird, hält der Prüfung der zweiten Probandin genauso wenig stand wie das anschließende Exempel von Xenophobie.

Ein zweiter Aspekt dieses Ausschnittes verdeutlicht, was in der Tradition der Kritischen Theorie als pathische Projektion bezeichnet wird. Horkheimer und Adorno hatten in der „Dialektik der Aufklärung" die Figur der falschen Projektion beschrieben. „Wenn Mimesis sich der Umwelt ähnlich macht, so macht falsche Projektion die Umwelt sich ähnlich."[159] Damit verweisen die beiden Theoretiker auf eine Verzerrung der individuellen Wahrnehmung nach eigenen, unreflektierten Kategorien stereotypen Denkens. Sie kritisieren jenen affektiven Zug, der die ausgemachte Stammtischparole noch für prüfenswert hält. Um, wie sich im weiteren Gesprächsverlauf noch gezeigt hat und hier noch zu zeigen sein wird, das Spektrum des Sagbaren zu erweitern, plädiert Probandin zwei für eine lockere Beweisaufnahme bei der Untersuchung dessen, was Vorurteil und Stereotyp ist. Homophobe Äußerungen in einer Verbindung zur Ablehnung des Homosexuellen zu sehen, beschreibt sie als „albern".

Zusammenfassend lässt sich für diese Dimension festhalten, dass Vorurteile in den meisten Fällen aus dem engeren sozialen Bezugskontext verbannt wurden. Durchweg sind sie dabei mit negativer Konnotation und in Anlehnung an Stereotypen beschrieben wurden. Die einzige Ausnahme bildeten die Äußerungen einer jungen Frau, die der vorurteilsbezogenen Einteilung generell zu widersprechen schien. Diese Ergebnisse bilden das Fundament der weiteren Auswertungsschritte, in denen geprüft werden soll, ob innerhalb der Gruppen

[159] Horkheimer/Adorno, Dialektik der Aufklärung, S. 196.

tatsächlich keine verfestigten Vorurteile, besser: keine antisemitischen Stereotypen, existieren.

Dimension II
Primär-antisemitische Vorurteile

Primär antisemitische Einstellungen sollten über das gemeinsame Zusammentragen von antijüdischen Stereotypen abgefragt werden. Angenommen wurde im Vorfeld, dass es während der Aufzählung bewusst oder unbewusst zur Selbstpositionierung der Teilnehmer kommt. Rückschlüsse konnten tatsächlich in allen Fällen gezogen werden und bestätigten jenes Bild, das Bergman und Erb in ihrer Antisemitismusstudie skizziert hatten und wonach es in der Bundesrepublik nur zu einem verschwindend kleinen Teil ‚Antisemiten alten Typs' gibt.[160] Während der Erhebung konnten keine primär-antisemitischen Einstellungen gemessen werden. Die einzelnen Ausprägungen vom ‚wuchernden Juden', dem ‚jüdischen Einfluss' oder der Verbindung von Judentum und Geldwesen fanden zwar nominell Erwähnung, dies allerdings mit rasch folgender Einschränkung. Das folgende Beispiel ist symptomatisch. Im Interview mit Physikstudenten hieß es:

P3: Damals hier im Dritten Reich war das doch so, dass die die ganzen Bildchen dann rausgegeben haben. Ja, der Jude, der hat Geld, ja, der will das Geld horten, der macht doch prinzipiell nichts und will die Weltherrschaft, ja. Das war das damalige Bild.
P2: Ja, mittlerweile ich es ja denke ich mal so, dass jemand, dass jemand, wenn jemand das Vorurteil hat, dass der dann, dass dem dann schon reicht, dass er überhaupt Jude ist, dass er mit ihm gar nichts mehr in Verbindung bringt, sondern vielleicht aus der Geschichte dann sowas zieht. Aha, die sind böse, oder so.
P1: Weiß ich nicht, ob heutzutage da noch jemand voreingenommen ist.

Um beantworten zu können, wie Vorurteile Juden gegenüber aussehen, verweist Proband drei auf den Nationalsozialismus. Er benennt zwei der vorformulierten drei Kategorien und distanziert sich, indem er erwähnt, dass es sich um ein

---

160 Bergmann/ Erb, Antisemitismus in der Bundesrepublik, S. 40f.

„damalige[s] Bild“ handelt. Zustimmung findet seine Aussage bei den anschließend sprechenden Studenten. Ihre Einschätzungen gehen nur hinsichtlich der Aktualität auseinander. Vermutet Proband zwei noch eine Existenz antisemitischer Einstellungen mit dem Verweis auf eine klare Trennung von Erfahrung und Stereotype, widerspricht Proband eins mit der von ihm nicht näher begründeten Ahnung, dass Antisemitismus nicht mehr existiere. Mit einer Vermutung schließt auch die folgende Interviewsequenz. Zwei Mitglieder des Volleyballvereins tragen ihrer Meinung nach historisch gängige antijüdische Beschreibungen zusammen.

V2: Die haben halt immer Geld. Wuchern auch.
V1: Ja, oder sind nicht nur reich, sondern auch schlau. Irgendwie müssen die ja auch zu dem Reichtum kommen. Sind schon schlau und listig, auch. Also, denke ich jetzt nicht, aber wäre halt so eine Geschichte, dass Andere, ich sage jetzt mal so Menschen wie du und ich eigentlich, das behaupten wollen. (4Sek. Pause) Bei mir jetzt aber nicht so.

In der Antwort von Proband eins entsteht ein Spannungsbogen. Die Attribute „reich“ und „schlau“ verbindet er. Aus „schlau“ wird durch die Nähe zum akquirierten Reichtum „listig“. Ein Höhepunkt im Spannungsaufbau ist erreicht, wenn Antisemitismus der gesellschaftlichen Mitte zugeschrieben wird. „Menschen wie du und ich“ sind es, die „das behaupten wollen.“ Jene Behauptung ist hier im Sinne einer Unterstellung zu verstehen, die grundsätzlich haltlos erscheint. Nach einer kurzen Sprechpause von vier Sekunden wird dies deutlicher. Mit dem Satz, dass es sich bei ihm anders verhält, entfernt sich der Sprecher vom Verdacht der Stereotypisierung.
So wie die Befragten eindeutig alle Kategorien des primären Antisemitismus ablehnten, so wurde dessen Auftreten unterschiedlich beantwortet. Neben dem eben angerissenen Beispiel, das vermuten lässt, es handle sich um eine breite gesellschaftliche Schicht, die zum Träger des Stereotyps würde, marginalisierten die meisten Gesprächsteilnehmer das Problem. Antisemitismus, so die geläufigere Einschätzung, wäre Phänomen innerhalb einer extremen Rechten. Zur Frage, ob Antisemiten noch irgendwo zu finden seien, bemerkt ein Physikstudent:

P3: Also, in meiner Schule, das war so, ich sage mal so pseudorechts, wo ein paar Bekloppte der Meinung waren, es wäre einfach mal so geil, Hackenkreuze in den Tisch zu ritzen, in diesem kleinen Streifen da unten. Und die wussten nicht mal in welche Richtung der Hacken da gehen soll.

Antisemitismus ist hier einer Minderheit zugeschrieben, die man mit Engstirnigkeit und Stupidität verbindet. Das Beispiel von den Antisemiten, die nicht in der Lage sind Hakenkreuze richtig zu zeichnen, ist mehrmals angesprochen wurden. Niemals fehlten dabei die typischen Formeln, es handele sich um „Bekloppte“ oder wie es in einem anderen Fall hieß, um „Nazis, die das noch nicht gerafft haben.“

Damit verbindet sich die Möglichkeit den Antisemitismus zu tabuisieren, indem seine Verbreitung allein rechtsradikalen Gruppen zugeschrieben wird, einer Minderheit, von der man sich klar distanziert, weil sie die Lehren aus der Geschichte noch nicht gezogen hat. In letzter Konsequenz erscheint eine Beschäftigung mit dem Thema „Antisemitismus“ für die breite Masse der Bevölkerung überflüssig. Deutlich heißt es in der Stellungnahme einer etwa 70jährigen Rentnerin über die Wirklichkeit des Antisemitismus:

S3: Ja. Vielleicht bei denen, die es eben nicht gelernt haben. Bei den Rechten ganz bestimmt. Das glaube ich schon.

Auch in diesem Beispiel sind die Lehren aus der Geschichte gezogen. Stereotypes Denken, so lautet der Subtext jener Aussage, findet man nur bei denen, die den Lernprozess nicht durchgemacht hätten. Worauf dieser gründet, beschreibt dieselbe Befragte an anderer Stelle, als sie einige biographische Erlebnisse aus ihrer Kindheit schildert:

S3: Ich bin ja auch vertrieben worden. Und das war schlimm, schlimm. (4Sek. Pause) Da haben dann wahrscheinlich auch alle gelernt. (5Sek. Pause) Und wer es nicht gelernt hat, der wird es nie lernen.

Antisemitismus tritt hier im Zusammenhang mit dem Zweiten Weltkrieg auf, der aus der Kindheitsperspektive wahrgenommen zunächst im Narrativ der eigenen Umsiedlung erfahrbar ist. Zu befürchten ist, dass das Ressentiment gegen Juden in die geschichtliche Erfahrung verdrängt wird und nur wenig Anstoß in der Gegenwart provoziert. Ob diese Gefahr sich bestätigt, aus Kenntnis des primären Antisemitismus blind für die verschiedensten anschließenden Chiffren zu sein, soll in den nächsten beiden Schritten besprochen werden. Lohnenswert scheint es mir, mit der ‚deutschen Reaktion' auf den Nationalsozialismus zu beginnen.

Dimension III
Sekundär-antisemitische Vorurteile

Wie Adorno in seinen späten Schriften berichtet, allen voran in seinem ursprünglich als Radiovortrag konzipierten Essay „Was bedeutet: Aufarbeitung der Vergangenheit?", ist die Identifikation mit dem nationalen Kollektiv spätestens seit der Vernichtungspolitik des Nationalsozialismus unmöglich. Die Identifikation als bewusste Überantwortung des Einzelnen gegenüber einer scheinbar ‚höheren Macht' ist unmöglich, wenn das Identifikationsobjekt nicht mit positiven Attributen besetzt werden kann, sondern das Negative schlechthin darstellt. Das nachnationalsozialistische Deutschland stellt historisch dieses Negative dar. Um sich dennoch identifizieren zu können, müssen jene Erinnerungen umgedeutet und alle Erinnernden verunglimpft werden. Der sekundäre Antisemitismus so wie er hier abgefragt wurde, basiert auf den drei Säulen der Vergangenheitsabwehr, deutlich in der Parole vom Ende der Schuld, wonach man einen Schlussstrich unter die Vergangenheit ziehen müsse, der Täter-Opfer-Umkehr und der Kritik an der „jüdischen Opferrolle". Diese drei Ausprägungen treten laut Rensmann in den meisten Fällen verschränkt auf und wurden in den Gruppeninterviews nur über einen Stimulus abgefragt.[161] Die Teilnehmer wurden nach ihrer Meinung zur Aussage, „Mich ärgert es, dass 70 Jahre nach dem Ende des Zweiten Weltkrieges immer noch über die Verbrechen an den Juden gesprochen wird", gebeten. Hier fanden sich die meisten antisemitisch motivierten Antworten. Eine klare Aufteilung hinsichtlich der einzelnen Dimensionen ist in diesem Fall unnötig, so dass die Zitatauswahl auf den Punkt „Vergangenheitsabwehr" hin ausgerichtet ist.

[161] Vgl.: Rensmann, Demokratie und Judenbild, S. 87f.

Wurde mit dem Verweis auf die ‚Lehren der Geschichte' die Erinnerung im Kreis der Senioren eher befürwortet, kam es in drei weiteren Diskussionsrunden, den Volleyballspielern, den Physikstudenten und den Sozialwissenschaftlern zur Schlussstrichforderung. Im Interview mit den Volleyballern hieß es von zwei Beteiligten:

V3: Naja, ich weiß nicht, ob man das ärgern nennen kann. Ich finde das schon sehr unschön, sage ich jetzt mal. Ich sage jetzt mal auch, weiß ich jetzt nicht ob ich damit schief liege, aber ich finde das ärgerlich, und zwar insofern, indem ja alles schon gemacht wird, damit die Verbrechen, die es ja wirklich gab und die ja wohl wirklich auch schlimm waren, dass da nicht mehr, also dass die so abgegolten sind. Naja, das kann man jetzt nicht so sagen, aber vielleicht verstehen Sie, dass die eben jetzt nicht mehr vorhaltbar sind. (2Sek. Pause)
V2: Das Ding ist doch das, darum geht es. Ich war nicht auf der Welt, ich war da einfach noch nicht geboren. Ist doch völliger Wahn, dass mir das jetzt jemand vorhält. Und daher finde ich das insgesamt eben auch ein Problem. (...)

Proband drei bemerkt, dass er die Verbrechen an den europäischen Juden für gesühnt hält, er verweist in diesem Zusammenhang darauf, dass abgegoltenes, entschädigtes Unrecht nicht mehr vorhaltbar sei. Seiner Aussage liegt die Einschätzung zugrunde, wonach sich die Deutschen Vorhaltungen gefallen lassen müssen. Offen bleibt allerdings, wer diese Vorwürfe erhebt. Daraufhin notiert Proband zwei eher eine persönliche Unschuld, die es nur in „völlige[m] Wahn" erlaubt, Vorhaltungen zu machen. Es sind wieder zwei eigentlich zu trennende Ebenen, auf denen sich die Gesprächsteilnehmer hier bewegen. Spricht Proband drei innerhalb eines nationalen Rahmens, so referiert Proband zwei eher hinsichtlich eines individuellen Schuld- bzw. Unschuldsbekenntnisses. In beiden Aussagen steckt aber jenes Moment, das die „Vergangenheitsabwehr" ermöglicht, die Zurückweisung einer historischen Belastung der Nation.

Diese muss nicht unbedingt immer mit dem Verweis auf Wiedergutmachung begründet werden, wie später im Dialog zweier Studentinnen der Sozialwissenschaft noch gezeigt wird. In der Gruppe der Physikstudenten aber ist nur innerhalb der Wiedergutmachungsrhetorik und der Betonung des institutionellen Bruches mit der Vergangenheit die Erinnerung weitgehend abgelegt wurden.

P3: Dass Deutschland immer noch, also sich bei jedem Anlass entschuldigt. Also letztendlich, ich sage mal das ist Scheiße gelaufen, aber ich sage mal der Staat hat sich danach einmal gewandelt, ich meine, wenn man die DDR dazuzählt, dann sogar zweimal. Ich meine, es hat mit der, die heutige Form hat mit der von damals überhaupt nichts zu tun. Also sicherlich irgendeine Form der Verantwortung muss man da übernehmen. Aber jedes Mal aufs Neue. Bei jedem Gedenktag entschuldigen sich hochrangige Politiker und komplett Deutschland. "Es tut uns ja alle so Leid." Es tut uns ja auch alle so leid, aber irgendwann kann man es nicht mehr hören.

Der Physikstudent spricht hier von der demokratischen Tradition ab 1949 und beschreibt mit der Wiedervereinigung 1990 das tatsächliche Ende des geschichtlichen Nachlasses des Dritten Reiches. Die Verbrechen reduziert er dabei auf die Floskel, dass „das (...) Scheiße gelaufen" sei, und fordert „irgendeine Form der Verantwortung", die man übernehmen „müsse". Wie diese Form aussehen könnte, erwähnt er nicht. Bezeichnenderweise beendet er sein Statement mit der Forderung, dass „hochrangige Politiker und komplett Deutschland" sich nicht mehr entschuldigen bräuchten. Hier werden offensichtlich die beiden Ebenen, die in der Diskussion der Volleyballspieler noch getrennt behandelt wurden, zusammengeführt. Der Student fühlt sich als Spätgeborener selbst unschuldig, ist er doch in einem Staat aufgewachsen, der den Nationalsozialismus institutionell wie auf Basis der Wertüberzeugungen längst hinter sich gelassen hat. Gleichzeitig bemüht er sich, den Neuanfang als Antwort auf die Geschichte zu verstehen. Der Einschub, wonach „die heutige Form (...) mit der von damals überhaupt nichts zu tun" habe, trennt geschichtliche Verantwortung von historischer Entwicklung. Der Nationalsozialismus erscheint so im Licht eines „Betriebsunfalls", dessen Folgen längst bereinigt wurden.

Weitaus offensiver geht eine Studentin der Sozialwissenschaften mit dem Erbe des Nationalsozialismus um. Forderten die anderen Gesprächsteilnehmer noch einen weniger affektorientierten Umgang mit dem Holocaust in der Schule, so spricht sie von „selektiver Geschichtswahrnehmung". Was darunter zu verstehen ist, beschreibt sie wie folgt:

G2: Aber es gab ja nicht nur in Deutschland totalitäre Systeme. Wenn man da mit unwissenschaftlichen Gefühlen herangeht, dann denke ich, dass die Leute das kurzfristig schlucken, aber längerfristig habe ich da große Bedenken.

Den Nationalsozialismus stellt sie in der Tradition der Totalitarismustheorie in den Kontext „totalitäre Systeme“, die es „nicht nur in Deutschland“ gab. Im weitesten Sinne betreibt die Probandin das, was Bergmann und Heitmeyer als eine *„Europäisierung des Holocaust und des Antisemitismus“* (Hervorhebung im Original, C.D.)[162] bezeichnen. An diesem Punkt hat ihre Einstellung noch nicht dem Kriterium der „Vergangenheitsabwehr“ entsprochen, weil sie eine Belastung des Nationalen nicht ablehnt, sondern nur auf andere erweitert. Tatsächlich sekundär antisemitisch werden ihre Äußerungen beim Vergleich von Stalinismus und Nationalsozialismus. Hier sagt sie über die Singularität des Holocausts:

G2: Ach, das ist doch auch ganz und gar Quatsch, ja. Die Singularität des Holocaust ist ein historischer Blödsinn. Stalin hat viel mehr Menschen getötet, 20 Millionen.

Auf die Bitte einer anderen Gesprächsteilnehmerin, diesen Satz aufgrund seiner Zweideutigkeit zu erklären, sagt sie:

G2: Doch, doch. Der Holocaust ist ein Geschichtsmythos.

Die Shoah wird hier nicht nur innerhalb einer europäischen Dimension gefasst, so wie es die Probandin selbst vorschlug, sondern zu einem Nebenschauplatz der Verbrechen im 20. Jahrhundert. Die Vernichtung der europäischen Juden wird bei ihr zum „Geschichtsmythos“. Nicht im Sinne, dass sie ein historisches Ereignis für fiktiv erklärt und leugnet, sondern indem sie dieses Ereignis auf eine historische Randnotiz reduziert. Anschließend konstruiert sie die Ähnlichkeit der Totalitarismen weiter.[163] Hinsichtlich des Lagersystems und dessen Erforschung sagt sie:

---

[162] Bergmann/ Heitmeyer, Antisemitismus: Verliert die Vorurteilsrepression ihre Wirkung?, S. 230.

[163] Für eine detaillierte Antwort vgl.: Primo Levi, Die Untergegangenen und die Geretteten, München 1996, S. 124f.

G2: Aber es muss eine größere Perspektive haben, also ich finde, dass es halt immer sehr, sehr eng produziert ist und sehr auf die deutsche Schuld zugemünzt ist. Und das ist ein ganz typisches psychologisches Phänomen, dass dann die Leute das eben nicht mehr hören wollen. Also, ich denke man müsste vielmehr eine Erinnerungskultur schaffen, statt einer Schuldkultur.

Erinnerungen und wissenschaftliche Aufarbeitungen sind laut ihrer Aussage „sehr auf die deutsche Schuld zugemünzt". Hinter der wissenschaftlichen Arbeit steckt so der Wille zum Vorwurf. Leugnen oder Abwehr sind demnach keine Mechanismen der Identifikation und Überantwortung, sondern erscheinen als ein „typisches psychologisches Phänomen". Will man dieser Falle entgehen, muss aus der kultivierten Schuld eine „Erinnerungskultur" werden. Durch die Umdeutung in eine „Schuldkultur", einem Begriff dessen revisionistische Herkunft ihm anzusehen ist[164], bedient sich die Sprecherin jenes Mechanismus, der den sekundären Antisemitismus ausmacht. In ihrem Satz über die kultivierte Schuld findet man „das schwelende Bedürfnis nach einer restaurierten, positiven, *ungebrochenen* Identifikation mit der Nation der Täter, für deren vermeintlichen Niedergang schon früher Juden verantwortlich gemacht wurden." (Hervorhebung im Original, C.D.) [165] Der Verweis auf die „deutsche Schuld", deren Betonung Motiv der Erinnernden sei, dreht die Täter-Opfer-Rolle um. Nicht die Täter von einst, sondern jene gelten als geistige Brandstifter, die die historische Erinnerung wach halten und auf die man nicht anders als phlegmatisch reagieren kann. Dies wird in einem abschließenden Zitat nochmals deutlich.

G3: Ja, wir sind einfach auch zwei Generationen weiter und das geht halt auch nicht mehr.
G2: Das heißt, die Frage ob man es schafft, quasi eine Erinnerungskultur aufzubauen, die keine Erbsünde postuliert.

Probandin drei bringt die individuelle Ebene zur Sprache, über die oben schon geschrieben wurde. Sie verweist auf den Zusammenhang von Erinnerung und Generationenfolge. Daraufhin interveniert Probandin zwei mit ihrer Forderung

[164] Vgl.: Lars Rensmann, Entschädigungspolitik, Erinnerungsabwehr und Motive des sekundären Antisemitismus, in: Rolf Surmann (Hg.), Das Finkelstein-Alibi. „Holocaust-Industrie" und Tätergesellschaft, Köln 2001, S. 126- 153, hier: S. 134.
[165] Ebd., S. 128.

auf eine Erinnerungskultur, die „keine Erbsünde postuliert" und somit die nationale Identifikation wieder ermöglicht. Der biblische Ursprung des Terminus „Erbsünde" verrät die eigentliche Intention der Sprecherin. So wie in der christlichen Schöpfungsgeschichte die „Erbsünde" nicht als individuelle, sondern als kollektive Schuld, als Schuld der Menschheit und nicht des einzelnen Menschen galt, so bezieht sich laut Sprecherin zwei auch die Erinnerung an den Zweiten Weltkrieg und die Shoah auf die Deutschen als Kollektiv und nicht auf Individuen. Individuell kann sie somit nicht schuldig gesprochen werden. Der Anspruch auf Sachlichkeit bereinigt hier das Verhältnis zum Nationalen.

Bereits in den Gruppenexperimenten des Frankfurter Instituts für Sozialforschung konnte festgestellt werden, dass vermeintliche Kollektivschuldvorwürfe affektiv stärker angegangen werden als Fragen nach individueller Verantwortung.[166] Diese Beobachtung hat sich im vorliegenden Beispiel bestätigt. Darüber hinaus konnte festgestellt werden, dass in drei Gesprächsrunden Momente des sekundären Antisemitismus virulent auftraten. Es sind in diesem Zusammenhang die Forderung nach einem Schlussstrich und die Verkehrung von Täter- und Opferpositionen, die immer wieder kursierten. Beide Variationen des sekundären Antisemitismus sind kommunikativ mit dem Ziel eingebracht wurden, die Identifikation mit der eigenen Nation möglich zu machen, die der Nationalsozialismus verstellt hat. Die Schlussstrichforderung wie die Täter-Opfer-Umkehr sind revanchistisch, weil sie die Singularität der Shoah nicht anerkennen und die deutsche Vernichtungspolitik relativieren.

[166] Adorno, Schuld und Abwehr, S. 188.

Dimension IV
Antisemitischer Antizionismus. Vorurteile anhand des Nahost-Konfliktes

Zu den ‚heißen Themen' in Politik und Medien gehören die Auseinandersetzungen Israels mit seinen Nachbarn und den Palästinensern. In der Folge dieses Konfliktes entwickelte sich auch in der Bundesrepublik eine teils sachliche, teils polemische Diskussionskultur.[167] Israel ist dabei zum Teil Objekt der antisemitischen Umwegkommunikation geworden. Die Unterscheidung zwischen legitimer Israelkritik[168] und antisemitischem Antizionismus wurde im Vorfeld an den Kategorien „NS- vergleichende Israelkritik“, „Absprache des israelischen Existenzrechtes“ und „antiimperialistischer Manichäismus“ festgemacht. Teil des „antiimperialistischen Manichäismus“ war nicht nur die klare Unterteilung von Richtig und Falsch oder von Gut und Böse, sondern ein Phänomen, das in der Heitmeyer Forschungsstudie als „antisemitische Separation“ bezeichnet wurde. Unter „antisemitischer Separation“ versteht man dort die Auflösung der inhaltlichen Trennung von Israelis und Juden. Ziel der „antisemitischen Separation“ sei es, deutschen Juden Illoyalität gegenüber dem deutschen Staat vorzuwerfen. Bereits in der „antisemitischen Separation“ identifiziert der Antisemit Juden automatisch mit dem Staat Israel. Diese Identifikation für sich erfüllt bereits den Tatbestand des Antisemitismus, wird doch über sie ein homogen-jüdisches Kollektiv konstruiert.

Um alle Kategorien des tertiären oder antisemitischen Antizionismus abzufragen, wurden die Probanden gebeten, auf drei verschiedene Vorgaben mit Ablehnung oder Zustimmung zu reagieren und ihre Entscheidung zu begründen. Es konnte festgestellt werden, dass hinsichtlich der Frage, ob durch die israelische Politik Juden immer unsympathischer erscheinen, kein Gesprächteilnehmer sich antisemitisch äußerte. Zumeist reagierten die

[167] Vgl.: Broder, Der ewige Antisemit, S. 34ff.

[168] Obgleich der Begriff „Israelkritik“ bereits verräterisch klingt, denn er bestimmt nur das Objekt der Kritik, nicht aber deren Inhalt, werden im Folgenden „legitime Kritikformen“ von illegitimen, d.h. antisemitischen getrennt. Der Autor hat bis zu diesem Zeitpunkt übrigens noch nichts von „Marokkokritik“, „Simbabwekritik“ oder „Österreichkritik“ gehört.

Teilnehmer mit der bewusst gezogenen Trennung zwischen Staatlichkeit und Religion, wie der nun zu Wort kommende Physikstudent:

P2: (...) Also ich sage mal nein, weil ich meine, man kann jetzt nicht anhand der Politik eines Staates, jetzt sage ich mal die ganze Religion, beziehungsweise die der Religion gehörigen Menschen verurteilen.

Diesem Urteil schlossen sich nicht nur alle Teilnehmer dieses Gesprächskreises, sondern darüber hinaus auch alle weiteren Probanden an. Beinahe identisch zur Antwort des Physikstudenten fällt die Beurteilung eines Biologen aus:

N1: Das ist Quatsch, nein. Weil Juden nicht alle Israelis sind. Da muss man trennen, denke ich.

Die Trennung zwischen Israelis und Juden ist es auch, die einen Volleyballspieler zu den humoristischen Worten veranlasst:

V2: Nein, weil sicherlich nicht alle Juden was für die israelische Politik können. Kannst ja auch nicht sagen, Deutsche sind wegen Frau Merkel unsympathisch. (lacht) Naja, vielleicht kannst du es doch sagen. (lacht)

Ähnlich eindeutig waren die Antworten auf die Frage, ob deutsche Juden sich eher mit Deutschland als mit Israel verbunden fühlen. Ein etwa 40jähriger Volleyballspieler begründet seine Zustimmung mit einer privaten Vermutung. Daraufhin verweist ein jüngerer Sportler mit persönlichen Kontakten:

V2: Weiß ich nicht, womit die sich verbunden fühlen. Wahrscheinlich mit ihren Familien. So ist das jedenfalls bei mir.
V1: Diplomatisch, was? (lacht) Ne, also Freunde von mir kennen auch Juden, und die sind, das sagt der immer, einfach froh nicht zur Armee zu müssen. Die fühlen sich von daher schon ganz wohl hier. (3Sek. Pause) Ansonsten, kann ich da jetzt auch nicht weiter was zu sagen. (4Sek. Pause)

Die Antworten der beiden Volleyballer zielen auf zwei unterschiedliche Ebenen ab. Bewegt sich die Antwort von Proband zwei noch auf einem individuell-familiären Hintergrund, so argumentiert Proband eins mit einer staatlichen

Verpflichtung. In den meisten Fällen wurde vorzugsweise die individuell-familiäre Ebene hervorgehoben. Angedeutet wird dies auch in der Begründung eines Physikstudenten:

P3: Die meisten sind ja mit ihren Familien nun doch sehr lange hier. Generationen! Und da gehört man doch zu der Gesellschaft, in der man verwurzelt ist.

Identität ist hier eine kulturelle und familiäre. Mit der Feststellung „Generationen!“ verbinden sich zwei Sphären, Sozialisationsinstanz und –inhalt werden zum Teil vereinigt. Das Adjektiv „verwurzelt“ definiert diesen Zusammenhang näher. Begreift man „verwurzelt“ von seiner biologischen Bedeutung, „Wurzeln schlagen“, so zeigt dieses Adjektiv die direkte Verbindung zwischen Individuum und Gesellschaft an. Integration, Generation und Verwurzelung bedingen sich in diesem Fall gegenseitig. Integriert in einem gesellschaftlichen Kontext wurden dessen Werte im Laufe der Zeit und über Generationen verinnerlicht bis es zu einer direkten und vor allem dauerhaften Verbindung zwischen Einzelnem und Umgebung gekommen ist.

Sind die beiden angesprochenen Kategorien weitgehend einheitlich von allen Befragten beantwortet wurden, so spalten sich die Meinung hinsichtlich der Frage, ob Israel gegen die Palästinenser in gleicher Weise vorgeht, wie die Deutschen gegen die Juden im Dritten Reich. Dieses Item überprüft die „NS-vergleichende Israelkritik“. Wie bereits in der Heitmeyer Studie ersichtlich war und angerissen wurde, reagieren zwischen 60 und 70 Prozent der Bundesbürger hierauf mit Zustimmung. Im vorliegenden Fall war die Zustimmung geringer, die Untersuchungsdimension „antisemitischen Antizionismus“ erreichte in diesem Punkt dennoch die größte Ausprägung.

In zwei Gesprächen antworteten Befragte nicht ablehnend, sondern mit offener Zustimmung. In der Unterhaltung der Volleyballer bringt sich ein Spieler mit der folgenden Bemerkung in das Gespräch ein:

V2: Also, das würde ich jetzt schon anders sehen, da würde ich fast zustimmen. (2Sek. Pause) Warum? Hier geht es ja um die Regierung und was man da so hört, ob das jetzt Radio oder Nachrichten im Fernsehen sind, da geht das schon heiß her. (4 Sek. Pause) Wenn die die Araber in Lagern halten, oder in Lager festsetzen, dann ist das fast wie bei den Juden in ihren Ghettos. (2 Sek. Pause)

Er referiert auf die Situation der Palästinenser in den Flüchtlingslagern und zieht eine Verbindung zur Gettoisierung der Juden in den besetzten polnischen und tschechoslowakischen Gebieten. Damit blendet der Sprecher die Vernichtungspolitik des Nationalsozialismus weitgehend aus, um auf der Ebene der Vertreibung Parallelen zu ziehen.
Nach weiteren, aber eher kurz gehaltenen Ausführungen, ergreifen zwei weitere Sportler das Wort:

V3: Sicherlich bringen die keine Leute in Gaskammern um, aber in Lagern leben die ja schon weitgehend. Und da einfach, das, das ist ja auch so eine Sache, da denen dann das Land wegzunehmen und für sich zu besetzen, dass ist schon nicht nett. Expansiv, nenne ich das. Also, den Satz so wie er dasteht würde ich zum Teil unterschreiben. Weil das auch schon vergleichbar ist.
V1: Würde ich auch sagen. Ob das jetzt im Libanon oder wo ist.

Beide betonen den ihrer Einschätzung nach ‚expansiven Charakter' der israelischen Politik. Proband drei führt zwei Argumente ins Feld, um seine Einschätzung in diesem Punkt zu unterstreichen. So wie das nationalsozialistische Deutschland auch, sei die israelische Politik bestrebt, „denen das Land wegzunehmen und für sich zu besetzen". Neben dieser imperialistischen Option ist es wiederum der Umgang mit exkludierten Gruppen, die in „Lagern leben", der Nationalsozialismus und Zionismus eint. Neben diesen beiden Argumenten wird die Vernichtungspolitik des Nationalsozialismus offen angesprochen. Sie wird nicht mit der israelischen Politik gleichgesetzt, es bleibt allerdings offen, aus welchen Gründen dies unterbleibt. Der Teilsatz, „[s]icherlich bringen die keine Leute in Gaskammern um", sagt nichts über eine Vermutung des Sprechers, es gäbe vielleicht Erschießungen. Proband eins reagiert mit Zustimmung. Inhaltlich bringt er keine neuen Argumente in das Gespräch ein, seine Bemerkung, dass „das jetzt im Libanon oder wo ist", konkretisiert vielmehr die Aussagen von Proband drei.
In einer zweiten Gruppe mit überwiegend Biologiestudenten fällt die Sprache auf einen antisemitischen Aufkleber. Ein Teilnehmer erregt sich sichtlich über die Verbindung von imperialistischer Aggression, Nationalsozialismus und israelischer Politik und stellt die rhetorische Frage, ob es in Israel vielleicht

Konzentrationslager gäbe, von denen er nichts wisse. Daraufhin ergreift einer seiner Kommilitonen das Wort und rekurriert auf die Existenz von Lagern:

N3: Na, das ja nun nicht, aber Lager gibt es ja schon, und da leben Menschen drin und die werden da gefangen gehalten. Die Palästinenser kriegen schlechtere Jobs, leben dicht gedrängt und in Armut. Sicherlich ist das nicht zu vergleichen mit Auschwitz, aber das war ja auch nicht gleich 33.

Auch in diesen zwei Sätzen existiert ein Spannungsbogen, der kurz nachgezeichnet werden soll. Neben der Bemerkung, dass es in Israel doch Lager gebe, in denen Menschen gefangen gehalten werden und der fehlenden Begründung, aus welchen Gründen es zu jenen Einrichtungen kam, erörtert Proband drei mehrere Indikatoren der sozialen Ungleichheit zwischen Israelis und Palästinensern. Letztere leben gedrängt in schlechten Wohnverhältnissen, in Armut und würden vom gesellschaftlichen Reichtum ausgeschlossen. Neben dieser noch nachvollziehbaren Beschreibung verweist der Sprecher im letzten Satz auf die Vergleichbarkeit von Shoah und israelischer Politik. Scheint das Spannungsverhältnis im Teilsatz, „ist das nicht zu vergleichen mit Auschwitz" aufgelöst, wird im nächsten Satz ein neuer Verdacht geäußert. Auschwitz, so heißt es dort, „war ja auch nicht gleich 33." So wie der Nationalsozialismus sich bis zur wahnhaften Vernichtung radikalisieren konnte, so ist auch die israelische Politik nicht frei von einer solchen Radikalisierung oder zumindest vor einer solchen Dynamisierung gefeit. Bis zu einer gewissen Stufe, das möchte der Sprecher wohl mit dem zeitlichen Verweis auf 1933 hervorheben, verlaufen Nationalsozialismus und Zionismus gleichermaßen exkludierend. Mit diesem Satz ist das antisemitische Kommunikationstabu nicht gebrochen, es ist umgangen. Die Unterstellung, dass es auch im Staat der Shoah-Überlebenden zu einer zweiten Shoah kommen könnte, begangen von ehemaligen Opfern und deren Nachkommen, ist einer typischen Täter-Opfer-Umkehr zuzuordnen. Was dieser Täter-Opfer-Umkehr zugrunde liegt, soll im nächsten Abschnitt besprochen werden.

Zusammenfassend lassen sich an diesem Punkt noch drei Bemerkungen machen. Von den Ausprägungen „antisemitische Separation", „Absprache des israelischen Existenzrechtes", „antiimperialistischer Manichäismus" und „NS-vergleichende Israelkritik" ist es einzig die letzte Dimension, die in zwei Interviews auftrat. In den Gesprächen mit dem Volleyballverein und den Naturwissenschaftlern kam es zur Gleichsetzung des Nationalsozialismus mit der israelischen Politik. In beiden Fällen wurde der Vergleich durch einen Verweis auf Auschwitz legitimiert. Die „wilden Konzentrationslager" und die frühe Gettoisierung wurden als gleichwertig zur israelischen Besatzung bezeichnet, obwohl an der Singularität des Holocaust nicht gezweifelt wurde. Im Interview mit den Volleyballspielern kam es darüber hinaus noch zur Unterstellung, Israel würde wie das Dritte Reich eine expansive Politik betreiben.

Dimension V
Zum Auftreten von Projektionen

Die Figur der Projektion ist eine psychoanalytische Erfindung. „An der Psychoanalyse [aber] ist nichts wahr als ihre Übertreibungen."[169] Adorno und Horkheimer erläutern in der siebenten Antisemitismusthese der „Dialektik der Aufklärung" die Projektion als Wahrnehmungsmechanismus der Welt. Projektionen treten dabei ganz natürlich als Sinndeutungen der Wirklichkeit auf. Hinsichtlich des Antisemitismus verändert sich der Charakter der Projektion. „Das Pathische am Antisemitismus ist nicht das projektive Verhalten als solches, sondern der Ausfall der Reflexion darin."[170] Diese Analyse, ursprünglich bezogen auf den nationalsozialistischen Antisemitismus, ist nicht unaktuell. Wie Detlev Claussen in „Grenzen der Aufklärung" argumentiert, findet sich jene reflexionslose Projektion auch im nachnationalsozialistischen Antisemitismus wieder.[171]

Bereits in der Studie „Schuld und Abwehr" aus den 50er Jahren, sind die Mechanismen der Verdrängung weitgehend psychoanalytisch beschrieben. Dabei tritt die Projektion nicht in Reinform auf, sondern beschreibt einen doppelten Sachverhalt: „Der Projektionsmechanismus ist wesentlich mit

[169] Adorno, Minima Moralia, S.54
[170] Horkheimer/ Adorno, Dialektik der Aufklärung, S. 199.
[171] Claussen, Grenzen der Aufklärung, S. X.

Rationalisierung verbunden, und es fällt angesichts der Virtuosität des Rationalisierens oft überaus schwer, eine Grenze zu ziehen zwischen dem zweckmäßigen Versuch, durch Aufmachen eines Schuldkontos für den Partner sich selbst zu entlasten, und der unbewussten und zwangshaften Übertragung eigener Neigungen und Triebtendenzen auf andere, denen man darauf Vorwürfe macht."[172]

Die untersuchten Projektionen unterschieden sich vom Inhalt und vom jeweiligen Projektionsobjekt, dennoch fielen sie in einem Punkt zusammen: Der unreflektierten Überschreibung und Unterstellung von eigenen Fehlern. Es ist in diesem Zusammenhang weitgehend unwichtig, ob gesellschaftliche Systeme, korporative Akteure oder stigmatisierte Individuen Objekte der Projektion werden.

Zu den häufigsten Projektionen im erhobenen Datenmaterial des Frankfurter Instituts für Sozialforschung gehörte neben jenen auf displaced persons und der nationalsozialistischen Führungselite, die „Projektion auf das Ausland". Neben ganz konkreten Abwehrszenarien, zu denen der Bombenkrieg wie der Versailler Friedensvertrag gehört, ist es gerade die abstrakte Schuldzuweisung auf und an das Ausland, die auch in den von mir erhobenen Interviews auftauchte. Im Folgenden sollen nun jene Fälle untersucht werden, die im Rahmen eines sekundären Antisemitismus zu verorten sind. Allerdings nicht ohne vorher festzustellen, dass es auch andere Fälle der pathischen Projektion gab, die aus Platzmangel weitgehend unberücksichtigt bleiben müssen. Die folgenden Beispiele thematisieren folglich den Bereich, unter den man „einen Schlussstrich (...) ziehen und womöglich (...) selbst aus der Erinnerung wegwischen"[173] will.

Bevor dieser Bereich der Vergangenheitsabwehr und Leugnung besprochen werden soll, ist es anschaulich noch ein Beispiel vorzustellen, das als typisch antisemitisch bezeichnet werden muss: die Identifikation der Juden mit der amerikanischen Außenpolitik. Im Gespräch mit Studenten der Sozialwissenschaft äußert die junge Frau, die sich bereits beim Vergleich zwischen Stalinismus und Nationalsozialismus einbrachte:

---

172 Adorno, Schuld und Abwehr, S. 233.

173 Adorno, Was bedeutet: Aufarbeitung der Vergangenheit, in: Tiedemann (Hg.), „Ob nach Auschwitz noch sich leben lasse", S. 31- 47, hier: S. 31.

G2: Naja, ich finde eher, dass die amerikanische Politik die Juden immer unsympathischer werden lässt. (4Sek. Pause)

Die eigentliche Frage, ob die israelische Politik Juden unsympathischer erscheinen lässt, negiert sie, um anschließend einen Zusammenhang zwischen amerikanischer Politik und Judentum zu äußern. Offen absurd werden in einer antiamerikanischen Tradition zwei unterschiedliche Tatbestände miteinander verbunden. Die Sprecherin lässt ungeklärt, warum sie eine Verbindung sieht oder ob ihre Aussage etwa durch ein tagespolitisches Ereignis geprägt wurde. Anzunehmen ist, dass die Probandin von der europäischen Debatte über die Politik der Bush-Administration beeinflusst wurde, in deren Zuge der Antiamerikanismus „zur Lingua franca Europas avanciert[e].“[174]
Es ist an dieser Stelle weiterhin zu vermuten, dass eine Verbindung von Judentum und amerikanischen Kapitalismus über die direkte Vermittlung „Geld“ bzw. mittels eines völkischen Kulturbegriffs zustande kommt. Dem entspricht die Ideengeschichte des – zumeist völkischnationalen – Antiamerikanismus in Deutschland. Bereits 1927 schrieb Otto Bonhard eine Polemik mit dem Titel „Jüdische Weltherrschaft?“, in dem er behauptet, dass „[d]as zur Weltmachttätigkeit aufstrebende Amerika (…) eine bloße Maskarade der Judenschaft dar[stelle]“[175]. Bei der Identifikation, der In-Eins-Setzung von Judentum und USA, ist jede Reflexion ausgeschalten. Ohne fähig zur Erfahrung zu sein, vermutet der Antisemit jüdische Interessen, die hinter der amerikanischen Politik stehen. Warum sonst sollte die amerikanische Politik, Juden immer unsympathischer erscheinen lassen? Es ist die Personifikation der amerikanischen Politik, die der antisemitischen Weltanschauung zugrunde liegt. Juden „verkörpern das Geld, die Börse, das Finanzkapital, die Presse. (…) Dieses Merkmal wird in einem häufig wiederkehrenden Bild ausgedrückt: Ein blutrünstiger Jude beugt sich über die Weltkugel und hält, wie ein Marionettenspieler, Uncle Sam oder ein nahezu beliebiges anderes Machtsymbol in der Hand.“[176]

---

[174] Andei S. Markovits, Amerika dich haßt sich's besser. Antiamerikanismus und Antisemitismus in Europa, Hamburg 2004, S. 15.
[175] Dan Diner, Feindbild Amerika. Über die Beständigkeit eines Ressentiments, München 2003, S.85.
[176] Holz, Gegenwart des Antisemitismus, S. 27.

So eindeutig wie in diesem Beispiel können die nachfolgenden Beispiele nicht ausfallen, beziehen sie sich doch auf einen Antisemitismus, der „nicht zu einer Weltanschauung ausgearbeitet, sondern auf das neue Thema ‚Vergangenheitsbewältigung' konzentriert wird."[177] Innerhalb einer demokratischen Öffentlichkeit durch Tabus in Schach gehalten, veränderte sich die Struktur des Antisemitismus. Aus der Weltanschauung wurde der demokratische Antisemitismus, der „Ja, aber"- Antisemitismus, wie ihn Detlev Claussen nennt.[178] Ein Antisemitismus, der die Vernichtung der europäischen Juden nicht leugnet oder affirmiert und die Täterschaft, wenn auch nur bedingt, anerkennt, ist sehr viel schwerer auszumachen. Die folgenden Beispiele sollen dies dennoch versuchen.
Interessant scheint mir die Erläuterung eines Volleyballspielers, der die Entschädigungsdebatte an den Zwangsarbeitern thematisiert.

V1: Dass man das den Kindern noch Vorhaltungen machen muss, dass ist einfach eine Frechheit. Würde ich sagen. (3Sek. Pause) Kann ja jeder auch seine eigene Meinung haben, aber ich war einfach nicht dabei, Geld bezahlt habe ich auch wegen den Zwangsarbeitern, und jetzt. (3Sek. Pause) Jetzt, das haben wir vorhin gerade gesagt, gibt es ja nicht mal Antisemiten und da sollte man sich auch nichts erzählen lassen.

Die Wortmeldung beginnt unspektakulär mit der Betonung einer nachnationalsozialistischen Generationenfolge, die das geschichtliche Erbe ungerechtfertig und unverschuldet zu tragen hätte. Bereits am Ende des ersten Satzes aber zeigen sich Indikatoren der Projektion. Unter Vorhaltung muss hier eine kritische, mahnende Äußerung verstanden werden. Wie diese Äußerung genau aussehen kann, dass eröffnet die Adjektivisierung „vorhaltend", die als inhaltliches Synonym für „anklagend" auftritt. Jene „Vorhaltungen" sind in den Augen des Sprechers „eine Frechheit". Fasst man die erste Aussage des Sprechers zusammen, so sind die von ihm beschriebenen Äußerungen wilde Anklagen gegen Unschuldige. Warum es zu diesen Anklagen kommt, das bleibt offen. Eindeutig geklärt aber ist die Ungerechtigkeit mit der sie erhoben werden und die auch ihn betreffen. „Man (...) muss", das beschreibt den Determinismus einer gesellschaftlichen Norm, von der man sich nicht befreien kann. Der von

[177] Holz, Nationaler Antisemitismus, S. 483.
[178] Claussen, Grenzen der Aufklärung, S. VIII.

außen herangetragene Schuldvorwurf wird abgelehnt, denn „ich war einfach nicht dabei". Die direkte Verbindung der eigenen Eltern und Großeltern zum Nationalsozialismus bleibt dem Probanden erspart. Der normative Bindungsgrad zu den Verbrechen des Nationalsozialismus nimmt ab. Selbst wehrt er sich gegen die Weitergabe geschichtlicher Erinnerungen an seine Kinder. Die Vergangenheit wird durch den Zwang zur Erinnerung trotz generativer Abfolge zur „Vorhaltung" ohne Ende. Um sich davon zu lösen, führt der Gesprächsteilnehmer zwei Argumente an, die den Bruch erzwingen sollen. Im „Geld bezahlt habe ich auch wegen den Zwangsarbeitern" drückt sich Vergangenheitsbewältigung als monetäre Wiedergutmachung aus, die bereits von der deutschen Industrie und dem deutschen Staat mit dem Verweis auf Beendigung aller weiteren Zahlungsansprüche geleistet wurde. Es ist nicht klar, ob der Proband sich direkt auf die politische Debatte um die Entschädigungszahlungen bezieht, deutlicher hingegen ist, dass alles was über die Entschädigungszahlungen hinausgeht, unverständlich und angesichts des Verschwindens des Antisemitismus, „es [gibt] ja nicht mal Antisemiten", unzeitgemäß ist.

Es bricht sich die Vermutung Bahn, dass die „Vorhaltungen" gegen Kinder Teil einer Rachephantasie sind. Eine ähnliche Beobachtung machte auch Adorno in den Gruppenexperimenten. Rachsucht wurde jenen zur Last gelegt, die außerhalb der nationalen Wir-Gruppe stehen und Verständigung erzwingen wollen.[179] Zu einer analogen Diagnose kommt Klaus Holz. Er stellt fest, dass auch nach dem Zweiten Weltkrieg die „'jüdische' Nicht-Identität (...) die Identität der Wir-Gruppe"[180] angreift. Dabei verursacht die jüdische Nicht-Identität Schuldkomplexe, die nur bedingt und meist mit Abwehr kompensiert werden können. Im vorliegenden Beispiel finden sich wieder zwei Abwehrmechanismen. Mit Kindern wird der Teil der nationalen Wir-Gruppe thematisiert, der offenkundig die wenigste Schuld, weder in der Tat noch in der Erinnerung, trägt. Mit Auftauchen der Figur des Kindes, das die Wir-Gruppe stellvertretend symbolisiert, wird die Frage nach einem kollektiven Gedächtnis nicht gestellt. Dass in diesem kollektiven Gedächtnis die Frage nach individueller Schuld zugunsten einer nationalen Erinnerung aufgehoben ist, wird

---

[179] Adorno, Schuld und Abwehr, S. 259f.

[180] Holz, Nationaler Antisemitismus, S. 515.

dabei nicht berücksichtigt. Zudem wird die geleistete Wiedergutmachung eingesetzt, um dem Wunsch „überhaupt nicht mehr von Schuld sprechen zu müssen“[181], Ausdruck zu verleihen. Das kollektive Gedächtnis, das in Deutschland „negatives Gedächtnis“ [182] ist, wird erleichtert und in ein positives verkehrt. Obgleich individuell unschuldig, bekämpft der Proband jenen Schuldkomplex, den er infolge der Identifikation mit der Wir-Gruppe erst erwirbt. Das eigene Unbehagen wird auch hier durch die Existenz der Erinnernden geschürt. Ihr Auftreten wird zur Erinnerung an das „negative Gedächtnis“ und damit fast automatisch zum Vorwurf. In der affektiven Abwehr dieses Vorwurfes geht es beinahe unter, dass der Proband zwei Opfergruppen miteinander vertauscht. So spricht der Befragte zwar über Zwangsarbeiter, meint aber, wie der Verweis auf die fehlenden Antisemiten verdeutlicht, eigentlich Juden.

Die heftige Abwehrreaktion auf einen vermeintlichen Vorwurf beschrieb auch schon Theodor W. Adorno im Aufsatz über die „Aufarbeitung der Vergangenheit“: „Unbestreitbar“, heißt es dort, „gibt es im Verhältnis zur Vergangenheit viel Neurotisches: Gesten der Verteidigung dort, wo man nicht angegriffen ist; heftige Affekte an Stellen, die sie real kaum rechtfertigen; Mangel an Affekt gegenüber dem Ernstesten“[183].

In einer zweiten Interviewsequenz findet sich eine weitere Projektion, die über eine historische Relativierung vermittelt wird. Der spezifische Gehalt des nationalsozialistischen Antisemitismus wird hinsichtlich seines ideologischen Gehaltes mit der stalinistischen Variante des Marxismus-Leninismus verglichen. Nationalsozialistischen Antisemitismus und Stalinismus verbindet in ihrer Aussage der Tatbestand der Ideologie, hier mit stark negativer Konnotation zu lesen.

G2: Naja, ich finde, es ist auch eine Ideologie zu sagen, Juden müssen umgebracht werden und zu sagen, es gibt Schmarotzer und Industrielle, die müssen umgebracht werden. Was will man damit erreichen, wenn man das leugnet?

---

[181] Adorno, Schuld und Abwehr, S. 261.

[182] Vgl.: Reinhard Koselleck, Formen und Traditionen des negativen Gedächtnisses, in: Volkhard Knigge/ Norbert Frei (Hg.), Verbrechen erinnern. Die Auseinandersetzung mit Holocaust und Völkermord, München 2002, S. 21- 32.

[183] Adorno, Was bedeutet: Aufarbeitung der Vergangenheit, S. 32.

G1: Aufzeigen, dass es bestimme Mechanismen gab, die speziell Juden als Feinde entstehen lassen konnten. Die Projektion, dass Juden Wucherer sind.
G2: Ach, das ist doch ein spezifisches Vorurteil und ich finde nicht, dass das Vorurteil schlimmer ist als das andere.

Unter den Projektionen auf das Ausland, die schon Adorno beschrieb, tauchte eine spezifische Form besonders häufig auf, die relativierenden Vergleiche mit dem Stalinismus.[184] Dabei wurde der Stalinismus dem Nationalsozialismus faktisch gleichgestellt, um anschließend auch den Westalliierten moralisches Unvermögen zu unterstellen. Ist der inhaltliche und sachliche Vergleich von Stalinismus und Nationalsozialismus durchaus fruchtbar, so liegt in der vorliegenden Gesprächsszene eine klare Relativierung des nationalsozialistischen Antisemitismus zugrunde. Die Studentin der Sozialwissenschaft, Probandin zwei, beschreibt das eliminatorische Moment des Antisemitismus in Anlehnung an die Klassenkampfrhetorik in der Sowjetunion. Beides sei einander in der Vernichtungsphantasie ähnlich. So sind „Juden", wie „Schmarotzer und Industrielle" gleichermaßen Opfer physischer Gewalt. Probandin eins interveniert und bemerkt, dass die Mechanismen, die dem Antisemitismus zugrunde liegen, andere sind, als im stalinistischen Beispiel der Verfolgung. Daraufhin meldet sich Probandin zwei erneut zu Wort und nivelliert die Qualität von Vorurteilen mit ihrer Bemerkung, dass sie nicht finde, „dass das Vorurteil (gemeint ist der Antisemitismus, C.D.) schlimmer sei als das andere." Es entspricht abermals einer gewissen Logik der Abwehr, wenn die Opfer des Stalinismus und jene des Nationalsozialismus in einem Atemzug genannt und beschrieben werden. Jongliert wird zwischen der Darstellung „der deutschen Taten (...) [und dem] Verweis auf die Kriegsverbrechen anderer."[185]
Die Identifikation mit dem Deutschen, grundsätzlich verstellt durch die deutschen Verbrechen während des Zweiten Weltkrieges, wird hier möglich dadurch, dass es auch in Russland eine poststalinistische Identifikation mit der eigenen Nation gibt. In letzter Instanz führt die totalitarismustheoretische Andeutung zur Entkontextualisierung eines historischen Verbrechens. Die Betonung der stalinistischen Säuberungen lässt die Ausmaße der Shoah

---

184 Vgl.: Adorno, Schuld und Abwehr, S. 238f.
185 Thomas Haury, Antisemitismus von links. Kommunistische Ideologie, Nationalismus und Antizionismus in der frühen DDR, Hamburg 2002, S. 134.

vergessen machen.[186] So belegt dieses Beispiel letztendlich, den Satz Adornos, wonach die Abwehr sich an Vergangenes zu erinnern einhergeht mit der willkommenen Identifikation mit der eigenen Gruppe. Bei Abwehr „handelt [es] sich meist um den Versuch, die eigene überwertige Identifikation mit dem Kollektiv, zu dem man gehört, in Übereinstimung zu bringen mit dem Wissen vom Frevel: man leugnet oder verkleinert ihn, um nicht der Möglichkeit jener Identifikation verlustig zu gehen, welche es Unzähligen psychologisch allein erlaubt, über das unerträgliche Gefühl der eigenen Ohnmacht hinwegzukommen."[187] Angesichts der eigenen Hilflosigkeit angewiesen auf den Zusammenhang mit dem vermeintlich Eindrucksvollen und Großen, dient die Relativierung der eigenen Sicherheit, der Stabilisierung des in der verwalteten Welt zum Nichtigen degradierten Individuums.[188]

Nachdem auf den bisherigen Seiten die Verteilung antisemitischer Einstellungen und deren grundlegende Projektion besprochen wurde, möchte ich im Folgenden jenes Kommunikationstabu untersuchen, das die nachnationalsozialistische Realität des Antisemitismus ausmacht. Hierfür werden die Interviews als selbstständige Beobachtungseinheiten betrachtet, die nur einzeln Rückschluss auf die Existenz und die Funktionsweise des Kommunikationsverbots erlauben. Zwei ausgewählte Beispiele, in denen das Tabu von Teilnehmenden eingeklagt wurde, werden auf den nächsten Seiten vorgestellt. Anders als in den vorangegangenen Beispielen, kommt es dabei auch auf die Mimik der Sprechenden an.

[186] Vgl.: Adorno, Was bedeutet: Aufarbeitung der Vergangenheit, S. 32f.

[187] Friedrich Pollock, Gruppenexperiment. Ein Studienbericht, Frankfurt (Main) 1963, S. 281, zit. nach: Rolf Wiggershaus, Die Frankfurter Schule, Geschichte, Theoretische Entwicklung, Politische Bedeutung, München 2001, S. 528.

[188] Dieser Satz ist beeinflusst von der Gesellschaftskritik Theodor Adornos, wie er sie etwa in den „Reflexionen zur Klassentheorie" vornimmt. Das Individuum in der Moderne, zurückgeworfen auf sich selbst, verharrt in atomisierter Position. Um sich aus dieser Zwangslage zu befreien und der ständigen narzisstischen Kränkung zu entkommen, sucht es den Schulterschluss mit dem Kollektiv. Vgl.: Theodor W. Adorno, Reflexionen zur Klassentheorie, in: Ders., Gesellschaftstheorie und Kulturkritik, Frankfurt (Main) 2003, S. 7-25, hier: S. 11f.

Dimension VI
Das Tabu

Anders als in der Beschreibung Freuds, in der das Tabu als kultische Handlungsbeschränkung erscheint[189], lässt es sich nicht mehr in der Beobachtung eines rituellen Handelns oder dessen Unterlassung erkennen, sondern eigens bei dessen Übertretung. Mit den Mitteln der Skandalisierung und Sanktion wird das Tabu aufrechterhalten und jene Maßnahmen sind es auch, die eine Tabuverletzung und eine Tabuüberschreitung signalisieren können. Nur zu deutlich zeichnet sich an den „Begriffen, mit denen die Kritik antisemitischer Äußerungen bedacht“[190] wird, ab, dass es sich beim Tabu nicht mehr um eine heilige Begrenzung handelt, sondern um ein sozial veränderbares Phänomen. Dabei ist die „Behauptung einer jüdischen Medienherrschaft, die ein offenes Wort über die Juden verhindere und mutige Tabubrecher erfordere, (...) nun mindestens seit Heinrich von Treitschke ein zentraler Topos antisemitischer Argumentation.“[191] Unter der Formel der Meinungsfreiheit wird nicht immer auf den ersten Blick deutlich, wo ein Tabubruch vollzogen wurde. Nicht zuletzt die Reaktionen der anderen Teilnehmer offenbaren in den anstehenden Beispielen den klammheimlichen Versuch, das Kommunikationsverbot zu durchbrechen.

Vorgestellt werden zwei ausgewählte Textpassagen. Dies hat wiederum zwei Gründe. Zum einen provozierten die meisten antisemitischen Äußerungen keine ablehnenden oder intervenierenden Reaktionen bei den anderen Gesprächsteilnehmern, andererseits kann in den zwei vorliegenden Interviewsequenzen die Funktionsweise des Tabus deutlich gemacht werden. Vorab ist darauf hinzuweisen, dass beiden Gesprächsausschnitten unterschiedliche antisemitische Äußerungen vorausgehen. Während der erste Absatz den sekundären Antisemitismus thematisiert, wird im zweiten über eine Form des antisemitischen Antizionismus gestritten. Beide Ausschnitte wurden bereits vorgestellt und sollen hier nur ihrer Sprachdynamik nach untersucht werden. Sie verbindet zudem jene Kommunikationslatenz hinsichtlich eines

---

[189] Vgl.: Freud, Das Tabu und die Ambivalenz, S. 25.

[190] Bergmann/ Heitmeyer, Antisemitismus: Verliert die Vorurteilsrepression ihre Wirkung?, S. 229.

[191] Ebd., S. 230.

primären Antisemitismus und damit einhergehend das Verbot zur Generalisierung.[192]

G2: (resolut) Naja, ich finde, es ist auch eine Ideologie zu sagen, Juden müssen umgebracht werden und zu sagen, es gibt Schmarotzer und Industrielle, die müssen umgebracht werden. Was will man damit erreichen, wenn man das leugnet?
G1: (richtet den Blick auf Probandin 2) Aufzeigen, dass es bestimme Mechanismen gab, die speziell Juden als Feinde entstehen lassen konnten. Die Projektion, dass Juden Wucherer sind. (nickt)
G2: Ach, das ist doch ein spezifisches Vorurteil (runzelt die Stirn und erwidert den Blickkontakt) und ich finde nicht, dass das Vorurteil schlimmer ist als das andere.
G1: Ich glaube es geht auch nicht um schlimmer, sondern einfach nur um die Besonderheit. (leiser) Also sonst würdest du, also du würdest das einfach nur an den Zahlen festmachen? Aber wo hast du den diesen ganzen bürokratischen Apparat dahinter bei Stalin gehabt.
G2: (lauter) Da gibt es schon was. (Erhebt die Hand) Das steht auch alles in Archiven. (10Sek. Pause)

Die vorliegende Interviewsequenz ist bereits oben auf Projektionsmechanismen hin untersucht worden. Anders als in der aufgeführten Version finden sich Gestiken und Mimiken im Transkript. Dies vereinfacht die Analyse der Gesprächssituation.
Zunächst zur Rekonstruktion der Gesprächssituation. Probandin zwei eröffnet diese Szene mit einem unhaltbaren Vergleich. Sie reduziert den eliminatorischen Aspekt des Antisemitismus, indem sie diesen mit dem Antikapitalismus stalinistischer Prägung gleichsetzt. Probandin eins reagiert schnell. Sie sucht den Blickkontakt und eine direkte persönliche Verbindung zu ihrer Gesprächspartnerin. Die Vermutung, hier als rhetorische Frage vorgetragen, dass eine Trennung zwischen Stalinismus und nationalsozialistischem Antisemitismus unnötig und verzerrend sei, widerlegt Probandin eins durch die Beantwortung der Frage.[193] Inhaltlich verweist sie auf die unterschiedlichen Mechanismen, die dem stalinistischen Antikapitalismus und dem nationalsozialistischen Antisemitismus zugrunde liegen. Um ihre Äußerung zu

[192] Vgl.: Holz, Nationaler Antisemitismus, S. 513.
[193] Ein solches Vorgehen, die Gesprächssituation neu aufzurollen, beschreibt schon Goffman in seinem Buch „Forms Of Talk“. Vgl.: Erving Goffman, Forms Of Talk, Philadelphia 1981, S. 79ff.

verstärken, unterstützt sie sie gestisch mit einem Nicken. Das Angebot zur Gesprächsglättung nimmt Probandin zwei nicht an, sie erwidert den Blick und wirkt abweisend, während sie die Stirn runzelt. Ihr Satz, wonach Antisemitismus und Antikapitalismus zwei Vorurteile mit gleicher Relevanz seien, eröffnet die Gesprächssituation erneut. Sie bestätigt so ihren vorhergehenden Einwurf.

Probandin eins interveniert wiederum. Diesmal reduziert sie die Lautstärke ihrer Stimme und benennt das Fehlen eines Vernichtungsapparates im Stalinismus. Auch sie stellt in diesem Moment rhetorische Fragen. Wohl wissend, dass Qualität und Quantität des Terrors auseinander gehen, verweist sie auf die Besonderheit der Shoah. Probandin zwei reagiert mit lauter Stimme und flüchtet in die Aussage, dass alles in den Archiven stände.

Ein Tabu wird von Probandin eins relativ spät und in Form eines Überzeugungsargumentes eingeklagt. Der Mechanismus, der dem Tabu vorausgeht, findet sich erst in ihrer zweiten aufgeführten Wortmeldung. Nachdem ein erster Versuch, die Gesprächssituation durch Relativierung des antisemitischen Vergleiches zu glätten gescheitert war, eröffnet sie ihren Einwurf mit der Betonung der Singularität des Nationalsozialismus. „Ich glaube es geht auch nicht um schlimmer, sondern einfach nur um die Besonderheit." Erst nach diesem Satz reduziert die Teilnehmerin ihre Sprechlautstärke und führt inhaltliche Differenzen ins Feld. Sie beschreibt erst nach der Intervention, wonach die „Besonderheit" des Nationalsozialismus herauszuheben sei, dass ein Aufrechnen von Opferzahlen ihrer Meinung nach ungünstig und ein dem Terrorapparat des Nationalsozialismus ähnliches stalinistisches Gegenstück nicht zu finden sei.

In ihrem Satz kommt dem Adjektiv „schlimmer" besondere Bedeutung zu. Es ist hier relational verwendet und bezieht sich auf den Zusammenhang von Stalinismus und nationalsozialistischem Antisemitismus. Dabei trägt „schlimmer" normative Bedeutung. Es skaliert Empfindungen und Geschehnisse nach ihrem Grad des individuellen Leids und der emotionalen Betroffenheit. Ein solcher Vergleich zwischen Nationalsozialismus und Stalinismus ist im Hinblick auf die nationale Vergangenheitsbearbeitung grundsätzlich illegitim, weil er die Frage der Anerkennung des Opferstatus neu stellt. In diesem Sinne lässt sich der Einwand von Probandin eins verstehen. Dabei bewahrheitet sich die Vermutung von Jan Philipp Reemtsma, dass „die offizielle Abwehr antisemitischer

Äußerungen [oft] nichts weiter als eine Bekräftigung eines politischen Tabus" ist, das nützlich sein kann, „wenn man sonst nichts hat".
Probandin zwei hat den Imperativ bemerkt. Obwohl offenkundig nicht überzeugt, fällt ihre Reaktion auf das eingeklagte Tabu eindeutig aus. Ohne nähere Angabe nennt sie „Archive" als Referenzoptionen für eine zukünftige Recherche. Es ist zu vermuten, dass ihr Verweis auf „Archive" kein sachliches Argument, sondern allenfalls den Weg in die Metaphysik darstellt. Eine inhaltliche Debatte findet im Anschluss nicht mehr statt.

Eine zweite Interviewsequenz ist etwas länger. Im Gespräch einiger Studenten der Naturwissenschaft, verglich ein Teilnehmer den Nationalsozialismus mit der israelischen Politik am Beispiel des Lagersystems.

N3: Na, das ja nun nicht, aber Lager gibt es ja schon. (nickt) Und da leben Menschen drin und die werden da gefangen gehalten. Die Palästinenser kriegen schlechtere Jobs, leben dicht gedrängt und in Armut. (lauter, abwehrend) Sicherlich ist das nicht zu vergleichen mit Auschwitz, aber das war ja auch nicht gleich 33. (2Sek. Pause) (ruhiger) Jetzt habe ich aber was gesagt, bestimmt bekomme ich jetzt hier wieder meine Prügel.
N1: Na, das ist ja Quatsch, (Kopfschütteln) obwohl wir da schon anderer Meinung sind. Ich will dich da jetzt auch nicht zwanghaft überzeugen, aber (präzise) sag mir doch mal wo im Nahen Osten Gaskammern sind! (4Sek. Pause)
N3: Soll ich dir jetzt sagen? (2Sek. Pause) (resolut) Wir reden wohl aneinander vorbei. Es gibt da meines Wissens keine Gaskammern, aber (3Sek. Pause) es gab die ja auch nicht gleich 33. Und dann muss man eben sagen (Reduktion des Sprachtempos), ganz unabhängig davon, wie ich jetzt zu Juden im Allgemeinen, also in Deutschland, stehe, dann muss ich einfach sagen, dass ist nicht korrekt, die benehmen sich auch scheiße. (4Sek. Pause) (schneller) Aber die benehmen sich nicht so scheiße, weil die Juden sind, sondern weil da genau das Gegenteil eingetreten ist, (zeigt offene Hand) die wurden ständig verfolgt und jetzt sind sie in einer Situation, in der sie mal die stärkste Macht sind.
N1: (schnell) Nun wird es verrückt. (lauter) Also bitte, das kann doch wohl nicht dein Ernst sein. Erstens, zielte das Nazisystem, das Naziregime darauf ab, Menschen zu vernichten, zweitens ist das in Israel nicht so. Israel ist die einzige Demokratie im Nahen Osten. In Syrien ist es finster, da geht das Licht aus. Aber in Israel gibt es wenigstens so etwas wie Rechtsstaatlichkeit. (Stirnrunzeln)

Auch in diesem Fall soll die Gesprächssituation zunächst kurz rekapituliert werden. Proband drei eröffnet die Situation mit dem Verweis auf die frühen

Konzentrationslager, die den palästinensischen Flüchtlingslagern gleichen würden und der sozialen Ungleichheit zwischen israelischen Juden und arabischen Israelis. Er verletzt damit das Kommunikationstabu, das einen israelbezogenen Vergleich mit dem Nationalsozialismus verbietet. Gleichzeitig relativiert er das Gesagte mit dem Verweis auf die „Prügel", die ihm nun drohen. In Kenntnis des Sanktionsdrucks begegnet er diesem offensiv. Proband eins reagiert ungehalten. Sein Kopfschütteln verrät jene Ablehnung, die in der rhetorischen Frage, wo es in Israel Gaskammern gebe, manifest wird. Hinsichtlich des Sanktionsdruckes verwirft er die Möglichkeit der Drohung. Die Furcht von Proband drei vor „Prügel" erwidert er als „Quatsch", dennoch sei er, Proband eins, anderer Meinung. Die Frage, wo sich in Israel Vernichtungslager befänden, erwidert Proband drei mit einem erneuten Verweis auf die „wilden Konzentrationslager". Gleichzeitig versucht er sich selbst vom latenten Vorwurf des Antisemitismus freizusprechen, indem er einer Generalisierung aller Juden vorerst in Abrede stellt. Letztendlich läuft sein Einwurf aber auf eine andere Generalisierung hinaus. „Aber die benehmen sich nicht so scheiße", verdeutlicht die Darstellung der Juden als homogene Gruppe. Anders als im primären Antisemitismus behauptet, sei es aber nicht die Biologie, sondern die Geschichte, die Juden jetzt zu Tätern werden lässt. Der Satz, „die wurden ständig verfolgt und jetzt sind sie in einer Situation, in der sie mal die stärkste Macht sind", stellt eine Täter-Opfer-Umkehr in Reinform dar. Das schnelle Sprachtempo und die Gestik der offenen Hand zeigen den emotionalen Affekt, mit der der Befragte sich äußerst. Nicht minder angespannt ist Proband eins. Er begegnet den Erklärungen mit Unverständnis. Laut und forsch führt er zwei Argumente ins Feld. Zunächst sei Israel grundsätzlich unvereinbar mit dem Nationalsozialismus, weil letzterer auf die Vernichtung ausgerichtet war, dies aber mit dem Status des israelischen Staates als einziger Demokratie im Nahen Osten unvereinbar ist. Zweitens ist es der Verweis auf die Nachbarländer, in diesem Fall auf Syrien, mit der die israelische Stellung hervorgehoben wird. Unklar ist, ob der Proband sich positiv auf Israel bezieht, weil es demokratisch verfasst ist, oder ob seine Parteinahme sich vorrangig aus der Betonung der Singularität von Auschwitz speist. Dies muss hier nicht weiter ausgeführt werden, von Bedeutung soll zunächst das Einklagen eines Tabus sein.

Der Schlagabtausch der beiden Gesprächsteilnehmer beginnt mit dem Tabubruch, die israelische Besatzungspolitik im Zuge des nationalsozialistischen Lagersystems zu nennen und Ähnlichkeiten zu vermuten. Das Kommunikationstabu wird dabei vom Sprechenden anerkannt. Er beendet sein Statement mit der humoristisch geprägten Vermutung, nun „Prügel" zu bekommen. Proband eins greift dies auf und spricht zunächst von divergierenden „Meinungen", die im Rahmen der Meinungsfreiheit durchaus tolerabel seien, um dann anschließend den inhaltlichen Vergleich zwischen Nationalsozialismus und israelischer Politik zu forcieren. Anhand der Existenz von Gaskammern will er einen deutlichen Unterschied in den Vergleichspunkten herausstellen. Dieses Vorgehen in der Argumentation wird von Proband drei abgelehnt. Er versucht dem Tabu zu entgehen, indem er die Option wählt, die Kommunikationslatenz selektiv zu durchbrechen. Andrei S. Markovits hat darauf hingewiesen, dass „die Äußerungen von Vorurteilen und Haß gegen die machtlosen europäischen Juden als illegitim gelten, dass sie aber wohl (...) gegenüber den ‚mächtigen Juden' in Israel und den USA geäußert werden dürfen."[194] Am Beispiel der veränderten Machtposition im Nahen Osten vollzieht Proband drei diese Trennung. Er distanziert sich vom rassistischen Biologismus, argumentiert aber mit Macht- und Herrschaftsmöglichkeiten.

Daraufhin beginnt Proband eins damit, die Aussagen von Proband drei zu tabuisieren. Wie im ersten Beispiel auch, fällt er dabei aus seiner Sprechroutine. Er spricht schneller, anschließend lauter. Was er dabei sagt, ist entscheidend. Erst nach zwei Sätzen greift er Proband drei inhaltlich an, zuvor spricht er in forschen Imperativen. „Nun wird es verrückt", ist eine Abwehr des Antisemitismus auf der Grundlage seiner prinzipiellen Kommunikationsfähigkeit. Über Verrücktes zu reden, ist selbst nicht besser, sagt das Sprichwort und meint nichts anderes. Die Reaktion auf den antisemitischen Vergleich ist handfest, sie verbietet ihn und droht mit dem eigenen Rückzug aus der Interaktion. Das „Verrückte" passt nicht mehr in den originalen Zusammenhang, es ist „wirr" und entbehrt einer dem Gegenstand inhärenten Logik; es steht außerhalb. Dies wird auch im zweiten Satz deutlich. Besonders in der Floskel, „dass kann doch wohl nicht dein Ernst sein", entlädt sich das

---

194 Bergmann/ Heitmeyer, Antisemitismus Verliert die Vorurteilsrepression ihre Wirkung?, S. 228.

Unverständnis für die Darstellung von Proband drei. Es klingt tautologisch, dass das Verrückte nicht ernst gemeint sein kann, ist aber Indiz für die Vehemenz, mit der das Tabu eingebracht wird. Dies verfehlt seine Wirkung nicht. Obwohl keinerlei Sanktionen offen gefordert wurden, reicht die Skandalisierung innerhalb der Gesprächsgruppe aus, um Proband drei „ruhig zu stellen". Er äußert sich fortan nicht mehr und der Dialog zwischen beiden Teilnehmern brach an diesem Punkt ab.

Tabuisierungen, hier dargestellt an zwei Beispielen, äußerten sich als Einschränkungen verschiedener Einstellungen. Bereits artikulierte Aussagen wurden dabei aufgegriffen, kommentiert und abgewertet. Mit dieser Abwertung verband sich die Forderung nach Rücknahme der antisemitischen Aussage, bzw. nach temporärem Rückzug des antisemitischen Gesprächspartners aus der Diskussion. Die Tabuisierung vollzog sich demnach reaktiv. Das Tabu bewirkte empirisch eine klare Eingrenzung des Sagbaren und beendete die jeweilige Gesprächssituation abrupt.

5. Nachreichungen zur Methode

5. 1. Begründung des Messinstrumentes und der Stichprobe

Pierre Bourdieu beginnt seinen Aufsatz „Sozialer Raum und ‚Klassen'" mit der Beschreibung eines vierfachen Bruchs, dem Bruch mit der „Privilegierung der Substanzen", mit „intellektualistischen Illusionen", „mit dem Ökonomismus" und „mit dem Objektivismus"[195]. Beziehen sich die ersten drei Überwindungen vorrangig auf eine marxistische Tradition in der Sozialforschung, so negiert Bourdieu durch den „Bruch mit dem Objektivismus"[196] zum Teil die Methoden der empirischen Sozialforschung selbst. Bourdieu, dessen qualitativ-ethnologischer Erhebungsmethode[197] in Frankreich weit mehr Anklang als in

[195] Pierre Bourdieu, Sozialer Raum und ‚Klassen'. Lecon sur la lecon, Frankfurt (Main) 1991, S. 9.

[196] Ebd.

[197] Für den Überblick über die von Bourdieu et al. durchgeführten Interviews lohnt sich ein Blick in einer der Hauptwerke, z.B. „Die feinen Unterschiede". Vgl.: Pierre Bourdieu, Die feinen Unterschiede. Kritik der gesellschaftlichen Urteilskraft, Frankfurt (Main) 2003, S. 428ff.

Deutschland fand, drückt mit diesem Satz seine Kritik an „präkategorialen Denken" aus. Die Gesellschaft, so Bourdieu, lässt sich nicht durch vorgeprägte Antwortkategorien erkennen, die der Befragte bestätigt, auch wenn er gegenteilig denkt. Dieser Kritik sollte im Hinterkopf behalten werden, wenn im Folgenden das Erhebungsinstrument vorgestellt wird. Denken, das allein an vorgeprägten Kategorien angelegt ist, wird keine glaubwürdigen Ergebnisse über ein tabuisiertes Thema in der Gesellschaft leisten können.

Eine zweite Aussage der Bourdieuschen Bruchmetapher bezieht sich auf die deduktiv- kausale Erklärungsabsicht der meisten quantitativ- empirischen Studien. Heiko Holweg beschreibt treffend die analytische Form: „Ein Ereignis p ist kausal erklärt, wenn eine Ursache gefunden wurde, die das Ereignis p als Wirkung hervorbringt."[198] Das Referieren auf „Konditionalsätze, angewandt auf eine gegebene Situation"[199], ist bereits von Max Horkheimer in dessen berühmten Aufsatz zur Kritischen Theorie diskutiert wurden. Eine kritische Betrachtung kann sich schlecht an naturwissenschaftlicher Theoriebildung orientieren. Wenn sie das tun würde, führt der Verweis zur Kritischen Theorie ins Absurde. Dies als erste Vorbemerkung zum methodischen Design.[200]

Friedrich Pollock schreibt in der Einführung zur Gruppenexperimentstudie von der Schwierigkeit, die öffentliche Meinung zu messen. Die Erhebung von Einstellungen und Meinungen über standardisierte Fragebögen in einem statistischen Querschnitt lehnt er dabei ab. „Auf die Problematik des Begriffes öffentliche Meinung wird kaum reflektiert, sondern es wird stillschweigend postuliert, man kenne diese, wenn man angeben könnte, wie viel Prozent der

---

[198] Heiko Holweg, Methodologie der qualitativen Sozialforschung. Eine Kritik, Bern/ Stuttgart/ Wien 2005, S. 24.

[199] Max Horkheimer, Traditionelle und kritische Theorie, in: Ders., Traditionelle und kritische Theorie. Fünf Aufsätze, Frankfurt (Main) 2003, S. 205- 259, hier: S. 211.

[200] Im Positivismusstreit der deutschen Soziologie ging es unter anderem um diese Frage. Ich orientiere mich in diesem Punkt an Jürgen Habermas, wenn der schreibt, dass Gesellschaft als Totalität zu verstehen ist und System und Einzelheit nur durch ihre Reziprozität erkannt werden kann. „Die zugunsten einer allgemeinen Methodologie vernachlässigte Struktur des Gegenstandes verurteilt die Theorie, in die sie nicht eindringen kann, zur Irrelevanz." Jürgen Habermas, Analytische Wissenschaftstheorie und Dialektik. Ein Nachtrag zur Kontroverse zwischen Popper und Adorno, in: Theodor W. Adorno et. al., Der Positivismusstreit in der deutschen Soziologie, Darmstadt 1980, S. 155- 191, hier: S. 158.

Stichprobe – und damit der Gesamtbevölkerung, für welche diese repräsentativ ist – eine Frage in dem einen oder anderen Sinn beantworten."[201]
Der Meinungsbegriff der üblichen Forschung unterstelle den Befragten, so führt Pollock weiter aus, einen „subjektiven Wahrheitsbegriff"[202] ohne einen objektiven zu kennen. Brauchbare Daten könnten nur geliefert werden, wenn man die falsche Vermutung, jeder habe in der differenzierten Gesellschaft über alle Abläufe eine eigenständige Meinung, revidiert. Meinungen treten viel zu häufig als akzeptierte Stereotype auf, „die [den Individuen, C.D.] der vergeblichen Mühe des Meinens entheben, und ihnen dennoch das Prestige des Mit-dabei-seins verleihen."[203] Die öffentliche Meinung aber ist nicht die Summe aus Einzelmeinungen und muss daher unabhängig von einzelnen Trägern analysiert werden. Für Pollock ergibt sie sich aus einem „geistigen Klima", einer den Individuen gegenüber primären Instanz. Um sich dieser nähern zu können, plädiert Pollock für die Gruppendiskussion.
Gruppendiskussionen[204] bieten neben inhaltlicher Erkenntnisse auch Analysemöglichkeiten der sozialen Dynamik und „können (...) die eigenständige Basis für eine empirische Studie abgeben".[205] Sie gelten als Befragungsmethode, die gleichzeitig den „diskursiven Austausch von Kommunikationsinhalten"[206] beobachtbar machen und dabei experimentalen Charakter tragen. Als wissenschaftliche Methode erfüllt die Gruppendiskussion die Kriterien Offenheit, Flexibilität, Alltagsweltlichkeit und eignet sich daher besonders gut, tabuisierte Themen innerhalb eines, den Probanten bekannten, Bezugskontextes zu besprechen. Wenn wie hier die Entstehung und Kommunikationsmöglichkeit antisemitischer Ressentiments analysiert werden sollen, so bietet die Gruppendiskussion als Erhebungsmethode entscheidende Vorteile. Über sie ist es möglich, durch Fragen und Reize gruppenspezifische Meinungsbildungsprozesse zu initialisieren. Dies ist während der Erhebung über

[201] Friedrich Pollock, Gruppenexperiment. Ein Studienbericht, Frankfurt (Main) 1955, S. 17f.
[202] Ebd., S. 18.
[203] Ebd., S. 19.
[204] Im Folgenden werde ich die beiden Begriffe „Gruppendiskussion" und „Gruppeninterview" synonym verwenden. Der methodischen Unterscheidung zwischen Teilstandartisierung und Nichtstandartisierung soll kurz außen vor gelassen werden. Vgl.: Helmut Kromrey, Emprische Sozialforschung, Opladen 1990, S. 212.
[205] Siegfried Lamnek, Gruppendiskussion. Theorie und Praxis, Weinheim/ Basel 2005, S. 25.
[206] Ebd.

einen standardisierten Fragebogens geschehen, der zu jeder wesentlichen Kategorie des Antisemitismus eine Frage enthielt. Wie bei der Herausbildung einer öffentlichen Meinung auch, existieren in Diskussionserhebungen Zugangsmöglichkeiten „zu Material, das latent im Vorbewussten des Sprechers liegt".[207] Darauf kam es an.

Wie Lamnek schreibt, ist die Gruppendiskussion häufig mit der Inhaltsanalyse als Auswertungsinstrument gekoppelt. In dieser Untersuchung war eine zweigeteilte Auswertungsmethode vorgesehen. Bohnsack et alii zeigen in ihren „Hauptbegriffe[n] Qualitativer Sozialforschung", wie Oevermann in der Studie „Elternhaus und Schule" „soziale Schichtzugehörigkeit und Intelligenzentwicklung (...) [aus dem] standardisierten Verfahren" das „Verfahren der objektiven Hermeneutik entwickelt"[208] hat. Ziel der objektiv-hermeneutischen Analyse ist die „Entschlüsselung von objektivem bzw. ‚latentem Sinn'."[209] Über die sechs Interpretationsregeln sei es möglich, den objektiv bestimmbaren Sinn zu rekonstruieren. Die Regeln seien kurz beschrieben: Sequenzielle Lebenspraxis erfordert nach Oevermann sequenzielle, also sinneinheitliche Auswertung der Texte. Um eine möglichst große Anzahl von Kontexten zu beschreiben, versucht der objektive Hermeneutiker „die gedankenexperimentelle Explikation von Lesarten."[210] Um Textmengen zu reduzieren, schließt sich der Auswertung die Sparsamkeitsregel an, die eng mit dem Prinzip der Wörtlichkeit verbunden ist. Die Rekonstruktion des inneren Kontextes als vierte Regel, die Rekonstruktion durch eine große Gruppe -fünfte Regel- und die Totalität des Interpretationsprinzipes runden die grundlegenden Prinzipien ab.[211]

Wie oben bereits geschildert, eignet sich dieses Verfahren bei der Analyse eines tabuisierten Themas wie zum Beispiel des Antisemitismus. Das Verfahren der objektiven Hermeneutik wäre deswegen nötig, weil in Interviewsituationen Sinnstrukturen nur bedingt an die Oberfläche des Gespräches gebracht werden. Der berühmte Satz von Thomas Luckmann, wonach es um die „systematische

---

[207] Ebd., S. 84.

[208] Ralf Bohnsack/ Winfried Marotzki/ Michael Meuser (Hg.), Hauptbegriffe Qualitativer Sozialforschung, Opladen/ Farmington Hills 2006, S. 123.

[209] Ebd.

[210] Ebd., S. 125.

[211] Vgl. zu diesen Regeln: Ebd., S. 124- 126.

Rekonstruktion des typischen Sinns typischer Handlungen in einer gegebenen Gesellschaft in einer bestimmten Epoche"[212] gehe, lässt sich in einem Gespräch, das prinzipiell einem Tabuisierungsgebot unterliegt, nur bedingt umsetzen. Hier kommt es auf die sprichwörtliche Mischung an: Gekoppelt mit einer inhaltsanalytischen Textwertung[213], könnten objektiv-hermeneutische Schritte in der Auswertung vielfältige Informationen erbringen. Lohnende Exempel für eine solche Vorgehensweise finden sich vor allem in der englischen Literatur.[214] Jürgen Ritsert schlägt in „Qualitative und Quantitative Inhaltsanalyse" die Methode der „ideologiekritischen Inhaltsanalyse" vor, ihr soll sich im Folgenden bedient werden. „Die Rekonstruktion eines ideologischen Syndroms bedeutet (...) semantische Analyse, aufdecken des strukturierten ideologischen Gehalts von Texten."[215] Wenn sich für ein inhaltsanalytisches Vorgehen entschieden wurde, dann mit dem Ziel der Ideologiekritik, hier zu verstehen als die Dechiffrierung antisemitischer Sinngehalte. Inhaltsanalyse wird mit dem Verweis auf die Objektive Hermeneutik von mir methodisch eingesetzt.[216] Dabei dient die Inhaltsanalyse der Untersuchung größerer Textmengen auf ihren Sinngehalt hin. Nach der Definition von Werner Früh ist die Inhaltsanalyse „eine empirische Methode zur systematischen und intersubjektiv nachvollziehbaren Beschreibung inhaltlicher und formaler Merkmale von Mitteilungen."[217] Ritsert erweitert diese Beschreibung um den Begriff der „Latenz". Den sonst üblichen Zugang zu inhaltsanalytischer Beobachtung bietet Philipp Mayring. In dieser Studie sollte sich aber nur sehr begrenzt an der von

[212] Thomas Luckmann, zit. nach: Bohnsack, Hauptbegriffe, S. 94.

[213] Ein weiterführendes Problem existiert in jeder Gesprächssituation. Das was Werner Vogd als „Zwei Bewusstseine und ein Interaktionssystem" beschrieben hat, wird sich auch in Gruppendiskussionen nicht abstellen lassen. Ich halte es aber für möglich, durch Sequenzanalyse, sinnstiftende Sprachregelungen objektiv ausfindig zu machen. Werner Vogd, Systemtheorie und rekonstruktive Sozialforschung. Eine empirische Versöhnung unterschiedlicher theoretischer Perspektiven, Opladen 2005, S. 66f.

[214] Vgl. die selbstreflexiven Beiträge in: Gerado R. López/ Laurence Parker, Interrogating Rascim in Qualitative Research Methodolgy, New York 2003.

[215] Jürgen Ritsert, Qualitative und Quantitative Inhaltsanalyse, in: Ders. Inhaltsanalyse und Ideologiekritik, Frankfurt (Main) 1972, S. 14- 31, hier: S. 31.

[216] Das entspricht auch dem Vorschlag von Werner Fuchs, Methoden der „lebendigen Kommunikation" in der Erhebung einzusetzen. Werner Fuchs, Empirische Sozialforschung als politische Aktion, in: Jürgen Ritsert (Hg.), Zur Wissenschaftslogik einer kritischen Soziologie, Frankfurt (Main) 1976, S. 147- 174, hier: S. 172.

[217] Werner Früh, Inhaltsanalyse, München 1981, S. 23.

Mayring et al. entwickelten Konzeption orientiert werden.[218] Für diesen konkreten Forschungsfall schienen die Ausführungen von Jürgen Ritsert in der Anwendung günstiger.

Ritsert hat mit seiner Kritik an den ‚herkömmlichen Methoden' der Sozialforschung, denen er mit Adorno „affirmative Züge"[219] unterstellte, gebrochen und das Konzept der ideologiekritischen Inhaltsanalyse entwickelt. Er schlägt vor, Texte nicht nur nach ihren offenen Sinnstrukturen, sondern unter besonderer Berücksichtigung ihrer latenten Inhalte zu analysieren. Das „zwischen den Zeilen lesen" gewinnt an Bedeutung, weil es Erkenntnisse über einen unterbewusst transportierten Zustand ermöglicht. Um Sinnstrukturen aufzuzeigen, schlägt er ähnlich wie Mayring vor, Kategorien und Dimensionen zu bilden.

Dimensionen wurden von mir hinsichtlich der antisemitischen Chiffren kreiert. Ihre darunter formulierten Kategorien wurden jeweils aus bereits vorhandenen Studien übernommen und gelten dadurch als valide. Der fertige Codierbogen umfasste die folgenden Dimensionen:[220]

Dimension I:

Primärer Antisemitismus

Kategorie:

-Kritik am „jüdischen Einfluss"

-Figur des „wuchernden Juden"

-Verbindung Judentum- Geld

Dimension II:

Sekundärer Antisemitismus

Kategorie:

-Vergangenheitsabwehr

-Schuldvergleich, d.h. Täter-Opfer-Umkehr

-Kritik an „jüdischer Opferrolle"

---

[218] Einen Überblick hierfür bietet: Philipp Mayring „Einführung in die qualitative Sozialforschung, München 1990, S. 76- 99.

[219] Jürgen Ritsert, Ideologiekritik und Inhaltsanalyse, in: Ders., Inhaltsanalyse und Ideologiekritik, Frankfurt (Main) 1972, S. 98- 116, hier: S. 99.

[220] Bei der Entwicklung der Kategorien orientierte ich mich weitgehend auch an: Ralf Lisch, 5. Kategorien, in: Ralf Lisch/ Jürgen Kriz, Grundlagen und Modelle der Inhaltsanalyse, Hamburg 1978, S. 69- 83, hier: S. 70ff.

Dimension III:
Antisemitischer Antizionismus:
Kategorie:
-NS- vergleichende Israelkritik
-Absprache des israelischen Existenzrechtes
-antisemitische Separation
-antiimperialistischer Manichäismus

Die Frage nach der Stichprobengröße beantworten Budd et al. wie folgt: „'It depends'." Worauf es ankommt, wird von den Autoren dann so ausgeführt: „How much time and money do you wish to invest in the study?"[221] Beides ist in der folgenden Studie nur knapp, es handelt sich in weiten Teilen um eine ,Ein-Mann-Studie'. Das musste bei der Anzahl der Gruppendiskussionen berücksichtigt werden. Um eine Verzerrung zu minimieren, entschied der Autor sich für Diskussionen in studentischen und nichtstudentischen Gruppen mit denselben Leitfragen. Das Datenmaterial basiert auf fünf Gruppeninterviews mit Teilnehmenden aus verschiedenen sozialen Milieus. Alters- oder bildungsbedingte und Verzerrungseffekte können weitgehend ausgeschlossen werden. Mit einer Diskussion innerhalb eines regelmäßig stattfindenden Seniorenkreises und einer weiteren innerhalb eines Volleyballvereines wurden zwei Gruppen befragt, deren Lebenswelt außerhalb des Wissenschaftsbetriebes verortet werden kann. Die Mitglieder der restlichen drei Gesprächsrunden rekrutierten sich aus bildungsnahen Strukturen. Befragt wurden Studierende der Naturwissenschaft, der Physik und der Sozialwissenschaft. Die Altersverteilung innerhalb der studentischen Gruppen war relativ heterogen und umfasste ein Spektrum von 19 bis 27 Jahre. Die Altersverteilung innerhalb des Volleyballteams reichte von 16 bis 42 Jahre, der Median lag zum Zeitpunkt der Datenerhebung bei 26 Jahren.
In der ist vorrangig eine inhaltsanalytische Methode zum Einsatz gekommen. Auch wenn innerhalb der Betrachtungen zur Inhaltsanalyse mehrere Autoren angeführt wurden, kann, wie bei Ergebnissen der meisten qualitativen Erhebungen, keine Allgemeingültigkeit propagiert werden. Es soll aber eine

[221] Budd/ Thorp/ Donohew, Content Analysis of Communications, New York 1967, S. 19, zit. nach: Jürgen Ritsert, Methode und methodische Bemühungen um Triftigkeit, in: Ders., Inhaltsanalyse und Ideologiekritik, Frankfurt (Main) 1972, S. 45- 76, hier: S. 54.

„Tendenz“ aufgezeigt werden, die sich quantitativ zu einem späteren Zeitpunkt und an anderer Stelle nochmals untersuchen ließe.[222]

5.2. Die Hypothesen

Notwendig war die Auswertung drei studentischer und zweier nicht-studentischer Gruppendiskussionen. Die Inhaltsanalyse dient zunächst der Plausibilisierung der grundsätzlichen Hypothese, *wonach es in homogenen Bezugsgruppen nur ein geringes Tabuisierungsgebot des Antisemitismus gibt (Artikulationshypothese)*. Diese Hypothese ergibt sich aus meinen bisherigen Überlegungen, nach denen in unterschiedlichen Bezugskontexten Antisemitismus unterschiedlich auftreten kann. Während in einem sozialen Bezugskontext antijüdische Vorurteile kursieren dürfen, ist ihre Verbreitung bei größerem Publikum nicht möglich. Die Situation in der Gruppendiskussion entspricht dem homogenen sozialen Bezugskontext und lässt daher Vorurteilskommunikation zu.

Darüber hinaus wird vermutet, dass Gruppendiskussionen im studentischen Milieu stärker weltpolitische Ereignisse thematisierten. Auf diese Gruppe ist der Fokus meiner zweiten Hypothese gelegt. *Angenommen wird für sie, dass sich antisemitische Anspielungen fast ausschließlich im Hinblick auf den Nahostkonflikt finden lassen. (Antizionismushypothese)* Wie bereits dargestellt, spielt bei Einstellungs- und Meinungsbildung und deren Artikulation die soziale Bezugsgruppe eine entscheidende Rolle.[223] Geht man davon aus, dass es sich bei Studierenden um „transitorische Intellektuelle“ handelt, die stark zur Moralisierung neigen[224], dann ist zu vermuten, dass der „antisemitische Antizionismus“ als eher linke Erscheinung besonders häufig auftritt. Eine dritte These beschäftigt sich mit der Thematisierung primärer und sekundärer

[222] Dem Problem der Verallgemeinerbarkeit von qualitativ gewonnenen Daten bin ich mir durchaus bewusst. In Anlehnung an Thomas Heinze stelle ich fest, dass im vorliegenden Fall nicht allgemeingültig generalisiert werden kann. Vgl.: Thomas Heinze, Qualitative Sozialforschung. Erfahrungen, Probleme und Perspektiven, Opladen 1992, S. 127ff.

[223] Vgl.: Endrikat/ Strobel, Ambivalenz der Anpassung, S. 94ff.

[224] Vgl.: Georg Vobruba, Studierende als transitorische Intellektuelle, in: Soziologie, 1/08, S. 27-40, hier: S. 33f.

antisemitischer Erscheinungen. *Angenommen wird für die nicht-studentischen Diskussionsgruppen, dass es besonders zu Formen der Täter-Opfer- Umkehr und des sekundären Antisemitismus kommt (Aufarbeitungshypothese).* Der Gedankengang ist hier wie folgt: Gesellschaftliche Gruppen, die weniger zur Moralisierung neigen und sich selbst stärker innerhalb einer nationalen Identität verorten, beziehen sich bei Fragen über den Antisemitismus eher auf Themen der nationalen Öffentlichkeit. Wie Frindte et al. zeigen konnten, sind dies seit einigen Jahren die Debatten über Patriotismus und Nationalismus.[225] Der sekundäre Antisemitismus als Reaktion auf die deutsche Vergangenheit ist daher wahrscheinlich.

Eine letzte Hypothese soll sich mit dem Entstehen eines Tabus in einer spezifischen Gesprächssituation beschäftigen. *Es wird angenommen, dass bei Auftreten von Gegenkräften Antisemitismus anschließend nur noch über Umwege kommuniziert wird (Durchdringungshypothese).* Hier entsteht ein gesellschaftliches Abbild im Mikrokosmos der Gesprächssituation. Der soziale Bezugskontext verliert beim Auftreten von kritischen Stimmen sein Gefüge und wird zur öffentlichen Diskussionsarena. Damit verändert sich die Möglichkeit Antisemitismus kommunizierbar zu machen mit der logischen Folge von Kommunikationslatenz.

5.3. Durchführung

Kommunikationslatenz kann nicht direkt erforscht werden. Bereits in ihrem 1986 erschienen Aufsatz beschrieben Bergmann und Erb das Kommunikationsverbot des Antisemitismus als „Vorurteilsrepression", die dazu führe, dass „der Antisemitismus seine Funktion als offenes politisches und weltanschauliches Instrument verloren"[226] habe. Wie bereits mehrfach deutlich geworden ist, können Items wie sie bei Heitmeyer und anderen verwendet werden, z.B. „Haben Juden zuviel Einfluss?", in einer Interviewsituation nicht direkt abgefragt werden, denn sie liefern keine objektiven Ergebnisse. Die Studie von Interviewsequenzen muss sich am latenten Sinn orientieren. Die

[225] Vgl.: Frindte, Inszenierter Antisemitismus, S. 173ff.
[226] Ebd., S. 227.

Gruppendiskussionen haben dabei stets an einem den Probanden vertrauten Ort stattgefunden. Aus methodischen Überlegungen heraus wurde darauf verzichtet, einen neutralen Ort zu wählen.

Bei der Analyse wurde unter Bezug auf Ritsert in den folgenden vier Hauptschritten vorgegangen: Pretest- Vorbereitung, Vorbereitung der Durchführung, Durchführung, Festlegung der Analyse- und Interpretationseinheiten. Die untenstehende Abbildung stellt mein Vorgehen graphisch dar.[227]

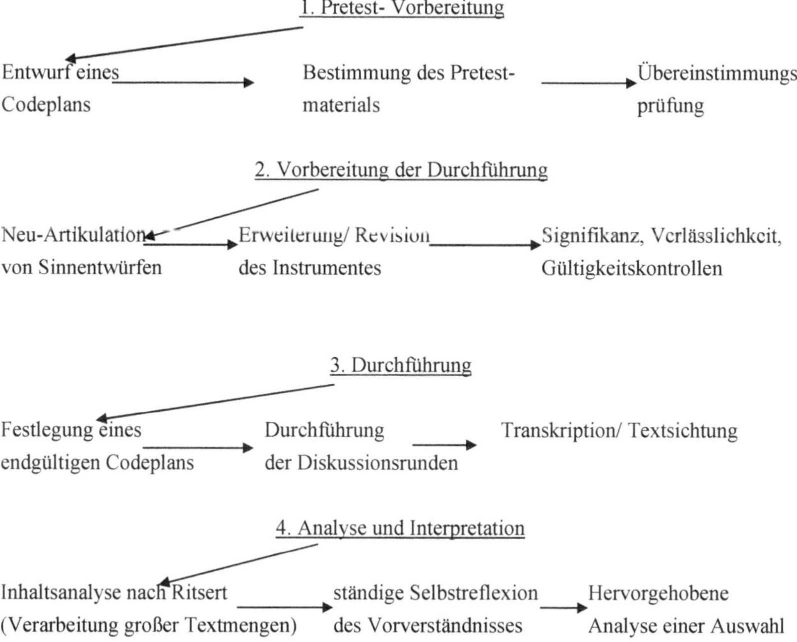

Obwohl mit dem Pretest etwaige Fehlerquellen bereits im Vorfeld ausgeschaltet werden sollten, existierten noch bei der Haupterhebung einige Schwachstellen auf die später eingegangen werden soll. Der Pretest stellte sich trotzdem als

[227] Vgl. dazu: Ritsert, Methode und methodische Bemühungen, S. 47.

gelungene Generalprobe heraus. Durchgeführt wurde er mit einer Gruppe Studierender. Es zeigte sich, dass der Codierplan im Punkt des „antisemitischen Antizionismus“ verändert werden musste. Die nach dem Pretest gezogenen Schlüsse gingen vielfältig in die weitere Untersuchung ein. Zunächst erweiterte sich der Codierbogen um die Kategorie „antiimperialistischer Manichäismus“, zudem stellte sich heraus, dass die Bezugnahme auf den Nahostkonflikt das Gespräch dominierte. Dies wurde bei der weiteren Erhebung stärker berücksichtigt.
Es deutete sich im Pretest bereits an, was die weiteren Gruppendiskussionen durchzog: die Datenerhebung innerhalb einer Gruppen ist nicht ohne soziale Dynamisierungseffekte denkbar. Auf einzelne soll hier allerdings nicht eingegangen werden. Es genügte mir, die Situation einer Gruppendiskussion zu umreißen und damit einzelne Dynamisierungseffekte, die von mir gar nicht vollständig analysiert werden konnten, anzuschneiden.

6. Diskussion der Hypothesen

Vier Hypothesen sollten im Zuge der Auswertung geprüft werden[228]. Der Fokus wurde bisher vor allem auf die Verbreitung und Formen des Antisemitismus gelegt, nun geht es um die Kontrolle der Vorannahmen. In der ersten Hypothese ist davon ausgegangen wurden, dass in homogenen Gruppen nur ein geringes Tabuisierungsgebot des Antisemitismus existiert. Die „Artikulationshypothese“ muss weitgehend abgelehnt werden. Von den vier Gruppen mit homogenem Bezugskontext, den Studenten der Naturwissenschaft, der Physik, der Sozialwissenschaften und jenem Gesprächskreis mit den Senioren sind nur zwei in ihrer Meinungsbildung zu einer gruppenübergreifenden Einstellung gekommen. Im Gesprächskreis der Senioren konnte gar keine antisemitische Einstellung gemessen werden. Kontrovers hingegen diskutierte der Gesprächskreis der Sozialwissenschaftlerinnen eigene Auffassungen und Ansichten. Auf beide Phänomene ist oben bereits hingewiesen wurden. Nur die

[228] Die Bezeichnung „prüfen“ ist eigentlich unzulässig. Sehr viel treffender kann von „plausibilisieren“ gesprochen werden. Im Folgenden werden dennoch beide Bezeichnungen synonym verwendet.

Gruppe der Sozialwissenschaftlerinnen und die der Naturwissenschaftler zeichneten sich durch geringe Tabuisierungsversuche aus. Da es insgesamt nur zu wenigen Tabuisierungsversuchen kam, kann die „Artikulationshypothese“ aufgrund der geringen Anzahl antisemitischer Einstellungen nicht bestätigt werden.
Ähnlich eindeutig fällt die Bewertung der zweiten Hypothese, der Antizionismushypothese aus. Auch sie muss abgelehnt werden, wie die folgende Tabelle zeigt.

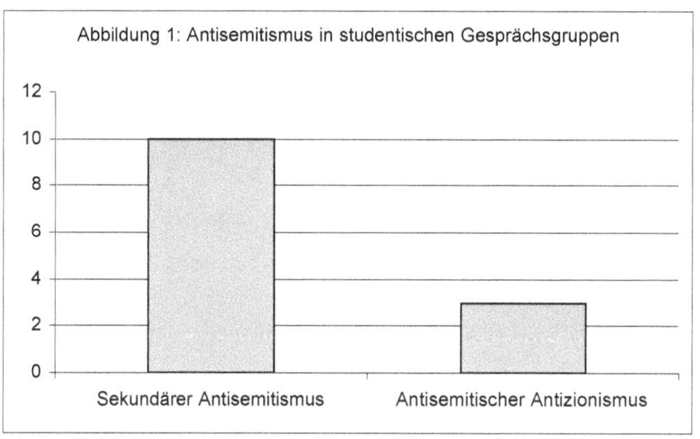

Abbildung 1: Anzahl antisemitisch motivierter Äußerungen in studentischen Gruppen

Das in der Abbildung dargestellte Verhältnis von antisemitischen Äußerungen bezieht sich nur auf einzelne und abgeschlossene Äußerungen. Aufeinander bezogene und wiederholte Aussagen von denselben Teilnehmern wurden nicht gezählt. Ersichtlich ist, dass in den untersuchten studentischen Gruppen der Nahostkonflikt keine besondere Betonung und in der Folge der antisemitische Antizionismus keine besondere Verbreitung fand. Primäre antisemitische Einstellungen traten in den Interviews nicht hervor. Messbar blieben Meinungen zum sekundären und antisemitische Antizionismus. Das Verhältnis von zehn zu drei verdeutlicht allerdings die Attraktivität des nationalen Identifikationsbedürfnisses auf Kosten der jüdischen Opfer, auch in studentischen Kreisen.

Dies leitet zur dritten These über, nach der angenommen wurde, dass in nicht-studentischen Diskussionsrunden Formen des sekundären Antisemitismus besonders häufig auftreten. Diese „Aufarbeitungshypothese“ kann weder klar bestätigt noch abgelehnt werden. Hinsichtlich der Verbreitung antijüdischer Einstellungen zeigt sich folgendes Bild.

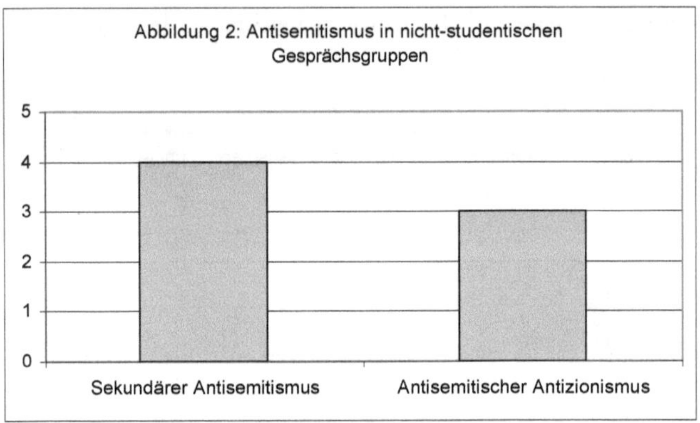

Abbildung 2: Sekundärer Antisemitismus in studentischen und nicht-studentischen Gesprächsgruppen.

Gemessen an allen antisemitischen Statements in den Interviews mit nicht-studentischen Teilnehmern kann man von einer leichten Dominanz des sekundären Antisemitismus ausgehen. So kam es zu vier Bekundungen, die von einer antisemitisch motivierten Vergangenheitsbewältigung geprägt sind, hingegen nur zu drei Aussagen, die dem antisemitischen Antizionismus zuzuordnen sind. Letztendlich ist der Unterschied zu studentischen Gesprächsgruppen nicht gravierend. Obwohl drei Interviews mit Studenten und nur zwei mit nichtstudentischen Teilnehmern durchgeführt wurden, sollen sie in einer abschließenden Tabelle miteinander verglichen werden.

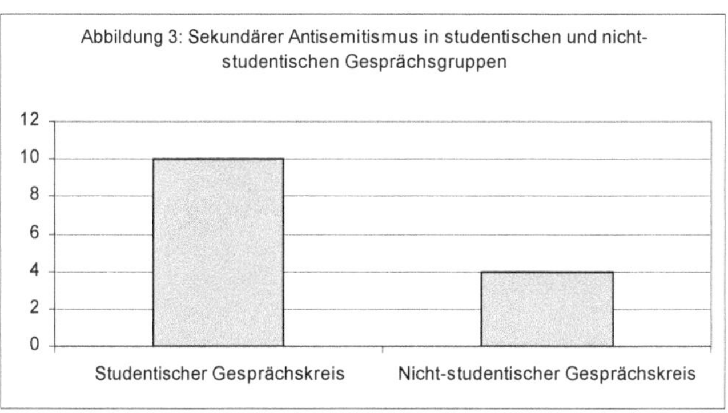

Abbildung 3: Sekundärer Antisemitismus in studentischen und nicht- studentischen Gesprächsgruppen

Um Hypothese drei klar bestätigen zu können, müssten sekundärere antisemitische Meinungen in Interviews mit nicht-studentischen Teilnehmern überwiegen. Dies ist augenscheinlich nicht der Fall. Nimmt man den Durchschnittswert pro Interview, erhält man einen Faktor von 3,3 für studentische und 2,0 für nichtstudentische Gruppen. Hypothese drei muss daher eher abgelehnt werden.

Bewahrheitet hat sich die vierte Hypothese, die „Durchdringungshypothese". Sie lautete, dass bei Auftreten von Gegenkräften, Antisemitismus nur noch über Umwege kommuniziert wird. Überprüfbar ist diese Hypothese an zwei Situationen, die beide schon als sechste Dimension der Auswertung vorgestellt wurden. Beide Interventionen mündeten in der Empörung der anderen Gesprächsteilnehmer. Wie oben bereits gezeigt, verstummte das Gespräch der Sozialwissenschaftlerinnen an dieser Stelle des Tabus und es kam, natürlich auch bedingt durch die Chronologie der Fragen, zu anderen Formen des Antisemitismus, allen voran dem Vergleich der israelischen Besatzungspolitik mit dem Lagersystem im Nationalsozialismus. Dabei waren es nicht die Einstellungen hinsichtlich der antisemitischen Separation oder die Konstruktion einer homogenen jüdischen Fremdgruppe, sondern Aussagen, die den Nationalsozialismus relativieren, welche von der Teilnehmerin, besonders in Reaktion auf den vorangegangenen Dialog, eingebracht wurden. Im zweiten Beispiel war keine Umwegkommunikation mehr möglich, da das Tabu an einer

Stelle eingeklagt wurde, die in der Forschung selbst schon zur Umwegkommunikation zählt, dem antisemitischen Antizionismus.

7. Einstellung, Forschung, Einstellungsforschung
Statt eines Schlusswortes

Adorno schreibt in den Minima Moralia, dass „[d]er Splitter in deinem Auge (...) das beste Vergrößerungsglas“[229], sei. Sicherlich beschreibt dieser Aphorismus, der auf die Märchen Andersens zurückgeht, wie kaum ein zweiter das Bestreben der Kritischen Theorie, Gesellschaftskritik auf der Basis „subjektiver Erfahrungen“[230] zu betreiben. Aber lohnt er auch für die empirische Forschung? Ist der „Splitter im Auge“ mit den Grundsätzen wissenschaftlichen Arbeitens vereinbar?

Eine klare Antwort kann hier aus zwei Gründen nicht mehr gegeben werden. Zum einen impliziert der „Splitter im Auge“ jene Erfahrungen, die Adorno im amerikanischen Exil machte und deswegen schon a posteriori schwer nachzuvollziehen sind, andererseits handelt es sich um eine Metapher, die das empirisch- wissenschaftliche Arbeiten des Frankfurter Instituts für Sozialforschung nur randläufig tangiert, und daher selbst erst analysiert und besser: interpretiert werden müsste. Auf eines sei dennoch hingewiesen: Wer sich mit der Gegenwart des Antisemitismus beschäftigt, stellt Fragen zur Vergangenheit, zur Erfahrung und deren Verarbeitung. Dabei entziehen sich die Arbeiten zum Antisemitismus im Allgemeinen einer Nützlichkeitslogik, die im Wissenschaftsbetrieb häufig zu finden ist. Weitgehend ohne interventionistisches Engagement oder utilitaristischer Attitüde bemüht man sich um die Erforschung eines sozialen Phänomens, das sich im Großen und Ganzen einer Erklärung entzieht. Die Existenz des Antisemitismus müsste 250 Jahre nach der Aufklärung verwundern und über 60 Jahre nach Auschwitz verstören. Was Adorno in der Studie zum Autoritären Charakter vollzogen hat und wofür er sich im Positivismusstreit unter dem Begriff der „kritischen Sozialforschung“

229 Adorno, Minima Moralia, S. 55.
230 Ebd., S. 17.

einsetzte, das war „Resultat einer in geschichtsphilosophischen Fragestellungen entwickelten Methodologie, die an Trümmern und Splittern ansetzt, um in geschichtsphilosophischer Absicht das brüchige Ganze zu enträtseln, das die technologisch-industriellen Fortschritte des 20. Jahrhunderts so hervorgebracht hat wie die Weltkriege und Massenmorde an Millionen unschuldiger Menschen."[231] Der „Splitter im Auge" wird so zum Splitter in der Geschichte und zum Objekt der Sozialforschung. An ihm lässt sich gesellschaftliche Realität verdeutlichen.

Umfangreicher als meinen eben gestellten Fragen, lässt sich noch der folgenden nachgehen: Inwieweit könnte die vorliegende Darstellung Relevanz haben und worin liegt ihr spezifischer Gehalt, ohne vom Nutzen sprechen zu wollen. Nach der Plausibilisierung der Hypothesen im vorhergehenden Kapitel sollen meine letzten Ausführungen der Beantwortung dieser Frage dienen.

Auf den vorangegangenen Seiten ist sich dem Problem des Antisemitismus mit Instrumenten der Einstellungs- und Meinungsforschung genähert wurden. Es lässt sich in diesem Zusammenhang zu Recht die Frage nach der handlungstheoretischen Relevanz von Einstellungen stellen, die angerissen werden soll. Da nicht jedes antisemitische Vorurteil auch in antisemitische Handlungen umschlägt, muss vor einer abschließenden Betrachtung geklärt werden, warum die Einstellungsforschung berechtigt und notwendig ist.

Orientiert man sich an der Literatur zur Handlungs- und Einstellungsforschung, so fällt die Dominanz psychologischer Konzepte sofort auf. Beantwortet die traditionelle Rollensoziologie Handlungen mit Rückgriff auf herangetragene Erwartungen, so findet sich in der sozialpsychologischen und psychologischen Argumentation der Rückgriff auf Motive, Denkschemata und Meinungen, die, verdichtet als Einstellungen, der Handlung zugrunde liegen. Sabine Lindenlaub schreibt in ihrem Buch „Einstellungen und Handeln. Neue Sicht eines alten Problems" von einer groben Zweiteilung der Einstellungskonzepte: „den ‚Wahrscheinlichkeits-Konzeptionen' und den Konzeptionen eines ‚latenten Prozesses'."[232] Sind die ersten dadurch gekennzeichnet, dass Einstellungen auf

---

[231] Hans- Dieter König, Einleitung, in: Ders. (Hg.), Sozialpsychologie des Rechtsextremismus, Frankfurt (Main) 2008, S. 7- 19, hier: S. 9.

[232] Sabine Lindenlaub, Einstellungen und Handlungen. Neue Sicht eines alten Problems, Göttingen/ Toronto/ Zürich 1984, S. 5.

ein Objekt bezogen gemessen werden, spiegeln die theoretischen Ansätze der zweiten Variation subjektive Einflüsse stärker wider.[233]

Im Abschluss ihrer Untersuchung über Studienziele und ihre Erreichung, die als Studienhandlung bezeichnet wird, konstatiert Lindenlaub: „Gestützt wird die Annahme, dass die Entscheidungen für oder gegen eine (subjektiv verfügbare einstellungskonforme) Handlung nicht nur von *einer* Einstellung des Entscheidungssubjekts abhängt, sondern von seinen Einstellungen zu allen von dieser Handlung subjektiv abhängigen Ereignissen.“ (Hervorhebung im Original)[234] Einstellungen korrelieren nach Lindenlaub mit anderen kompatiblen Einstellungen und werden zu Einstellungsmustern. Einstellungsmuster können wiederum umschlagen in ein verfestigtes System von Wahrnehmung und Bewertung, das individuelles Handeln strukturiert.

Obwohl seit dem Ende des Zweiten Weltkriegs der Antisemitismus nicht mehr als Einstellungsmuster im Sinne eines festen Wahrnehmungssystems zu bezeichnen ist, existiert er noch unterschwellig auf der Ebene der kompatiblen Einstellungen. Darin droht sich das antijüdische Stereotyp auszuweiten, mit anderen Einstellungen zu korrelieren und gefährlich zu werden. Auch wenn Einstellungen sich dadurch nicht ändern oder Stereotypen bekämpft werden können, so behindert das gesellschaftliche Tabu zumindest deren Radikalisierung. Anders als die sonst üblichen Beispiele des Tabus, Kannibalismus und Inzest, bezieht sich das Kommunikationstabu des Antisemitismus jedoch nicht auf jene Ekelschranke, die alle Fragen zum moralischen Verbot unnötig macht. Das Kommunikationstabu ist Teil einer gesellschaftlichen Veränderung in der Folge des Zweiten Weltkrieges. „Der Vorwurf des Antisemitismus, gleichviel ob er zu unrecht erhoben wird, bezieht sich auf die Verletzung einer Wertorientierung, die in unserer politischen Kultur inzwischen verankert ist.“[235] Jürgen Habermas schließt aus dieser Beschreibung folgerichtig, dass es sich beim Kommunikationsverbot des Antisemitismus um das Ergebnis eines Lernprozesses und nicht um einen durch Affekte

---

[233] Vgl. zur weiteren Unterteilung: Hans A. Hartmann, Gesellschaftlich- politische Einstellungen. Eine theoretische, methodische und praktische Einführung in die Einstellungsforschung, Hamburg 1996, S. 13- 23.

[234] Lindenlaub, Einstellungen und Handlungen, S. 146.

[235] Jürgen Habermas, Tabuschranken. Eine semantische Anmerkung – Für Marcel Reich-Ranicki, aus gegebenen Anlässen, in: Michael Naumann (Hg.), „Es muss doch in diesem Lande wieder möglich sein...“, S. 189- 193, hier: S. 191.

stabilisierten Abwehrmechanismus geht. Das Kommunikationstabu zu durchbrechen bedeutet daher, „[d]er Aggression gegen das Fremde (…) endlich freien Lauf“ zu lassen“[236] und hinter die eigenen Lehren zurückzukehren.
Es ist hier darauf hingewiesen worden, dass der Antisemitismus und besonders jener, der im Zusammenhang mit der eigenen Geschichte und deren Aufarbeitung kursiert, längst nicht aufgehört hat zu existieren. Es gibt sie noch oder schon wieder, die Forderungen nach einem Schlussstrich und Beschwörungen einer nun endlich abgeleisteten Schuld. Sie sind auch unter Jugendlichen lebendig, zumal unter denen mit höherer Bildung. Wie soll man darauf reagieren? Hendryk M. Broder spricht von einem seltsamen Phänomen, das er die Wandlung vom Brandstifter zum Feuermelder nennt. Aus den Antisemiten von gestern sind die Aufklärer von heute geworden. Resistent gegen Formen des primären Antisemitismus leben andere antijüdische Stereotype unter ihnen weiter. Mit dem Auftauchen der Feuermelder haben sich stereotypes und identifizierendes Denken nicht verabschiedet, sondern haben ganz entgegen der Vermutung neue Träger gefunden. Subkutan und quasi sakrosankt existieren Stereotypen unter ihnen fort. So manchen Feuermelder umtreibt die Identifikation mit der eigenen Nation. Auf die Gefahren dieser ‚neuen Offenheit', antisemitische Einstellungen wieder hoffähig zu machen, sollte deutlich hingewiesen werden. Darin liegt die Notwendigkeit und Relevanz dieser Schrift. Was dabei genau versucht habe, das lässt sich folgendermaßen beschreiben:
Schriften über den Antisemitismus enden mit Zitaten. Die wenigsten Texte kommen ohne abschließende und beschwörende Worte von Theodor W. Adorno, Hannah Arendt oder Jean Améry aus. Auch dieser nicht. Doch soll der mahnende Spruch eingetauscht werden gegen einen ungewöhnlichen. So beschreibt doch niemand besser als Bertolt Brecht die Aufgabe der Wissenschaft, über die er sagt: „Es ist nicht ihr Ziel, der unendlichen Weisheit eine Tür zu öffnen, sondern eine Grenze zu setzen dem unendlichen Irrtum.“[237]

---

[236] Ebd., S. 193.
[237] Bertolt Brecht, Das Leben des Galilei, Frankfurt (Main) 2002, S. 85.

8. Literatur

Adorno, Theodor W., Erziehung nach Auschwitz, in: Tiedemann, Rolf (Hg.), Adorno. Eine Auswahl, Frankfurt (Main) 1971, S. 322- 339.

Adorno, Theodor W., Erziehung nach Auschwitz, in: Tiedemann, Rolf (Hg.), ‚Ob nach Auschwitz noch sich leben lasse'. Ein philosophisches Lesebuch, Frankfurt (Main) 1997, S. S. 48- 63.

Adorno, Theodor W., Kulturkritik und Gesellschaft, in: Ders., Gesellschaftstheorie und Kulturkritik, Frankfurt (Main) 2003, S.46- 65.

Adorno, Theodor W., Meinung, Wahn, Gesellschaft, in: Ders., Eingriffe. Neun kritische Modelle, Frankfurt (Main) 1966, S. 147- 172.

Adorno, Theodor W., Minima Moralia. Reflexionen aus dem beschädigtem Leben, Frankfurt (Main) 2004.

Adorno, Theodor W., Postskriptum, in: Kölner Zeitschrift für Soziologie und Sozialpsychologie, 1/66, S. 37- 42.

Adorno, Theodor W., Reflexionen zur Klassentheorie, in: Ders., Gesellschaftstheorie und Kulturkritik, Frankfurt (Main) 2003, S. 7- 25.

Adorno, Theodor W., Schuld und Abwehr. Eine qualitative Analyse zum Gruppenexperiment, in: Ders., Soziologische Schriften II/Band 2, Frankfurt (Main) 2003, S. 123- 324.

Adorno, Theodor W., Studien zum autoritären Charakter, Frankfurt (Main) 1995.

Adorno, Was bedeutet: Aufarbeitung der Vergangenheit, in: Tiedemann, Rolf (Hg.), „Ob nach Auschwitz noch sich leben lasse. Ein philosophisches Lesebuch, Frankfurt (Main) 1997, S. 31- 47.

Altemeyer, Bob, Right-Wing Authoritarianism, Winnipeg 1981.

Améry, Jean, Der ehrbare Antisemitismus, in: Die Zeit, 25.7.1969.

Bajohr, Frank, „Unser Hotel ist judenfrei". Bäder-Antisemitismus im 19. und 20. Jahrhundert, Frankfurt (Main) 2003.

Bauman, Zygmunt, Dialektik der Ordnung. Die Moderne und der Holocaust, Hamburg 1992.

Bauman, Zygmunt, Moderne und Ambivalenz. Das Ende der Eindeutigkeit, Frankfurt (Main) 1995.

Beck, Ulrich, Entgrenzung der Intifada oder: Das Linienbus-Ticket in Haifa, in: Rabiniovici, Doron/ Speck, Ulrich/ Sznaider, Natan (Hg.), Neuer Antisemitismus? Eine globale Debatte, Frankfurt (Main) 2004, S. 133- 142.

Benz, Wolfgang, Der Umgang mit Gedenktagen und Gedenkstätten in der Bundesrepublik Deutschland, in: Werner Bergmann/ Rainer Erb/ Altert Lichtblau (Hg.), Schwieriges Erbe, Der Umgang mit Nationalsozialismus und Antisemitismus in Österreich, der DDR und der Bundesrepublik Deutschland, S. 302- 318.

Bergmann, Jörg R., Goffmans Soziologie des Gesprächs und seine ambivalente Beziehung zur Konversationsanalyse, in: Hettlage, Robert/ Lenz, Karl (Hg.), Erving Goffman- ein soziologischer Klassiker der zweiten Generation, Stuttgart 1991, S. 301- 326.

Bergmann, Werner, Geschichte des Antisemitismus, München 2006.

Bergmann, Werner, Starker Auftakt – schwach im Abgang. Antisemitismusforschung in den Sozialwissenschaften, in: Bergmann, Werner/ Körte, Mona (Hg.), Antisemitismusforschung in den Wissenschaften, Berlin 2004, S. 219- 239.

Bergmann, Werner/ Erb, Rainer, Antisemitismus in der Bundesrepublik Deutschland. Ergebnisse der empirischen Forschung von 1946- 1989, Opladen 1991.

Bergmann, Werner/ Erb, Rainer, Kommunikationslatenz, Moral und Öffentliche Meinung. Theoretische Überlegungen zum Antisemitismus in der Bundesrepublik Deutschland, in: Kölner Zeitschrift für Soziologie und Sozialpsychologie, 38/1986, S. 223- 246.

Bergmann, Werner/ Heitmeyer, Wilhelm, Communicating Anti-Semitism- Are the ‚Boundaries of the Speakable' Shifting?, in: Zuckermann, Moshe (Hg.), Anti-Semitism – Anti-Zionism – Criticism of Israel, Tel Aviv Yearbock for German History, Tel Aviv 2005.

Bergmann, Werner /Heitmeyer, Wilhelm, Antisemitismus: Verliert die Vorurteilsrepression ihre Wirkung? in: Heitmeyer (Hg.), Deutsche Zustände Folge 3, Frankfurt (Main) 2005, S. 224- 238, hier: S. 226.

Bohnsack, Ralf/ Marotzki, Winfried/ Meuser, Michael (Hg.), Hauptbegriffe Qualitativer Sozialforschung, Opladen/ Farmington Hills 2006.

Bourdieu, Pierre, Die feinen Unterschiede. Kritik der gesellschaftlichen Urteilskraft, Frankfurt (Main) 2003.

Bourdieu, Pierre, Sozialer Raum und ‚Klassen'. Lecon sur la lecon, Frankfurt (Main) 1991.

Brecht, Bertolt, Das Leben des Galilei, Frankfurt (Main) 2002.

Broder, Hendryk M., Der ewige Antisemit. Über Sinn und Funktion eines beständigen Gefühls, Berlin 2005.

Brumlik, Micha, Die Angst vor dem Vater. Judenfeindliche Tendenzen im Umkreis neuer sozialer Bewegungen, in: Silbermann, Alphons/ Schoeps, Julius H. (Hg.), Antisemitismus nach dem Holocaust. Bestandsaufnahme und Erscheinungsform in deutschsprachigen Ländern, Köln 1986, S. 133- 162.

Brumlik, Micha, Wer Sturm sät. Die Vertreibung der Deutschen, Berlin 2005.

Claussen, Detlev, Grenzen der Aufklärung. Die gesellschaftliche Genese des modernen Antisemitismus, Frankfurt (Main) 2005.

Diner, Dan, Feindbild Amerika. Über die Beständigkeit eines Ressentiments, München 2003.

Dröge, Franz W., Publizistik und Vorurteil, Münster 1967.

Eco, Umberto, Im Wald der Fiktion. Sechs Streifzüge durch die Literatur, München 1994.

Endrikat, Kirsten /Strobl, Rainer, Ambivalenz der Anpassung. Menschenfeindliche Einstellungen im sozialen Bezugskontext, in: Heitmeyer (Hg.), Deutsche Zustände Folge 3, Frankfurt (Main) 2005, S. 92– 107.

Freud, Sigmund, Das Tabu und die Ambivalenz der Gefühlsregung, in: Ders., Totem und Tabu, Frankfurt (Main) 1972, S. 25- 85.

Freud, Sigmund, Massenpsychologie und Ich- Analyse, Frankfurt (Main) 1967.

Frindte, Wolfgang, Inszenierter Antisemitismus. Eine Streitschrift, Wiesbaden 2006.

Fromm, Erich, Die Furcht vor der Freiheit, München 2005.

Fromm, Erich, Sozialpsychologischer Teil, in: Horkheimer, Max/ Fromm, Erich/ Marcuse, Herbert et al., Studien über Autorität und Familie. Forschungsberichte aus dem Institut für Sozialforschung, Lüneburg 1987, S. 77- 135.

Früh, Werner, Inhaltsanalyse, München 1981.

Fuchs, Werner, Empirische Sozialforschung als politische Aktion, in: Ritsert, Jürgen (Hg.), Zur Wissenschaftslogik einer kritischen Soziologie, Frankfurt (Main) 1976, S. 147- 174.

Funke, Friedrich, Die dimensionale Struktur von Autoritarismus, Jena 2002.

Garsztecki, Stefan, Antisemitismus in Polen – Geschichte und aktuelle Tendenzen, in: Fritz Bauer Institut (Hg.), Grenzenlose Vorurteile. Antisemitismus, Nationalismus und ethnische Konflikte in verschiedenen Kulturen, Frankfurt (Main)/ New York 2002, S. 189- 218.

Goffman, Erving, Entfremdung in der Interaktion, in: Ders., Interaktionsrituale. Über Verhalten in direkter Kommunikation, Frankfurt (Main) 1991, S.124- 150.

Goffman, Erving, Das Individuum im öffentlichen Austausch. Mikrostudien zur öffentlichen Ordnung, Frankfurt (Main) 2007.

Goffman, Erving, Forms Of Talk, Philadelphia 1981.

Goffman, Erving, Stigma. Über Techniken der Bewältigung beschädigter Identität, Frankfurt (Main) 1990.

Goffman, Erving, Verhalten in sozialen Situationen. Strukturen und Regeln der Interaktionen im öffentlichen Raum, Gütersloh 1971.

Goldhagen, Daniel J., Die Globalisierung des Antisemitismus, in: Doron Rabinovici/ Ulrich Speck/ Natan Szaider (Hg.), Neuer Antisemitismus? Eine globale Debatte, Frankfurt (Main) 2004, S. 93- 100.

Gutermuth, Frank, Moderner Antisemitismus in Deutschland. Entstehungsgeschichte, Motive und Strukturen, in: Zentrum Demokratische Kultur (Hg.), „Vor Antisemitismus ist man nur noch auf dem Monde sicher“. Antisemitismus und Antiamerikanismus in Deutschland, Leipzig 2004, S. 7- 14.

Habermas, Jürgen, Analytische Wissenschaftstheorie und Dialektik. Ein Nachtrag zur Kontroverse zwischen Popper und Adorno, in: Adorno, Theodor W. et. al, Der Positivismusstreit in der deutschen Soziologie, Darmstadt 1980, S. 155- 191, hier: S. 158.

Habermas, Jürgen, Tabuschranken. Eine semantische Anmerkung – Für Marcel Reich- Ranicki, aus gegebenen Anlässen, in: Naumann, Michael (Hg.), „Es muss doch in diesem Lande wieder möglich sein…". Der neue Antisemitismus-Streit, München 2002, S. 189- 193.

Habermas, Jürgen, Vorwort zur Neuauflage 1990, in: Ders., Strukturwandel der Öffentlichkeit, Frankfurt (Main) 2006, S. 11- 50.

Hartmann, Hans A., Gesellschaftlich- politische Einstellungen. Eine theoretische, methodische und praktische Einführung in die Einstellungsforschung, Hamburg 1996.

Haury, Thomas, Antisemitismus von links. Kommunistische Ideologie, Nationalismus und Antizionismus in der frühen DDR, Hamburg 2002.

Haury, Thomas, Der Antizionismus der Neuen Linken in der BRD. Sekundärer Antisemitismus nach Auschwitz, in: Arbeitskreis Kritik des deutschen Antisemitismus (Hg.), Antisemitismus – die deutsche Normalität. Geschichte und Wirkungsweisen des Vernichtungswahns, Freiburg 2001, S. 217- 229.

Haury, Thomas, Die Ideologie, die nicht vergehen will, in: AG Antifa im Stura der Uni Halle (Hg.), Trotz und Wegen Auschwitz. Antisemitismus und nationale Identität nach 1945, Münster 2004, S. 92- 114.

Haury, Thomas, Zur Logik des bundesdeutschen Antizionismus, in: Léon Poliakov, Vom Antizionismus zum Antisemitismus, Freiburg 1992, S. 125- 159.

Haug, Wolfgang F., Antisemitismus in marxistischer Sicht, in: Strauss, Herbert A./ Kampe, Norbert (Hg.), Antisemitismus. Von der Judenfeindschaft zum Holocaust, Bonn 1984, S. 234- 255.

Heinze, Thomas, Qualitative Sozialforschung. Erfahrungen, Probleme und Perspektiven, Opladen 1992.

Heitmeyer, Wilhelm, Gruppenbezogene Menschenfeindlichkeit. Die theoretische Konzeption und empirische Ergebnisse aus den Jahren 2002, 2003 und 2004, in: Ders. (Hg.), Deutsche Zustände. Folge 3, Frankfurt (Main) 2005, S. 13- 36.

Heyder, Aribert/ Iser, Julia/ Schmidt, Peter, Israelkritik oder Antisemitismus? Meinungsbildung zwischen Öffentlichkeit, Medien und Tabus, in: Heitmeyer (Hg.), Deutsche Zustände Folge 3, Frankfurt (Main) 2005, S. 144- 165.
Holweg, Heiko, Methodologie der qualitativen Sozialforschung. Eine Kritik, Bern/ Stuttgart/ Wien 2005.

Holz, Klaus, Nationaler Antisemitismus. Wissenssoziologie einer Weltanschauung, Hamburg 2001.

Holz, Klaus, Die Gegenwart des Antisemitismus. Islamistische, demokratische und antizionistische Judenfeindschaft, Hamburg 2005.

Honneth, Axel, Gerechtigkeit im Vollzug. Adornos „Einleitung" in die Negative Dialektik, in: Ders., Pathologien der Vernunft. Geschichte und Gegenwart der Kritischen Theorie, Frankfurt (Main) 2007, S. 93- 111.

Honneth, Axel, Kritik der Macht. Reflexionsstufen einer kritischen Gesellschaftstheorie, Frankfurt (Main) 2000.

Horkheimer, Max, Der soziologische Hintergrund des psychoanalytischen Forschungsansatzes, in: Simmel, Ernst (Hg.) Antisemitismus, Frankfurt (Main) 2002, S. 23- 34.

Horkheimer, Max, Traditionelle und kritische Theorie, in: Ders., Traditionelle und kritische Theorie. Fünf Aufsätze, Frankfurt (Main) 2003, S. 205- 259.

Horkheimer, Max/ Adorno, Theodor W., Dialektik der Aufklärung, Frankfurt (Main) 2004.

Jäger, Margarethe/ Jäger, Siegfried, Medienbild Israel. Zwischen Solidarität und Antisemitismus. Medien: Forschung und Wissenschaft Band 3, Münster/ Hamburg/ London 2003.

König, Hans- Dieter, Einleitung, in: Ders. (Hg.), Sozialpsychologie des Rechtsextremismus, Frankfurt (Main) 2008, S. 7- 19.

Koselleck, Reinhard, Formen und Traditionen des negativen Gedächtnisses, in: Knigge, Volkhard/ Frei, Norbert (Hg.), Verbrechen erinnern. Die Auseinandersetzung mit Holocaust und Völkermord, München 2002, S. 21- 32.

Kraushaar, Wolfgang, Die Bombe im Jüdischen Gemeindehaus, Hamburg 2005.

Kromrey, Helmut, Emprische Sozialforschung, Opladen 1990.

Lamnek, Siegfried, Gruppendiskussion. Theorie und Praxis, Weinheim/ Basel 2005.

Levi, Primo, Die Untergegangenen und die Geretteten, München 1996.

Lindenlaub, Sabine, Einstellungen und Handlungen. Neue Sicht eines alten Problems, Göttingen/ Toronto/ Zürich 1984.

Lisch, Ralf, 5. Kategorien, in: Lisch, Ralf/ Kriz, Jürgen, Grundlagen und Modelle der Inhaltsanalyse, Hamburg 1978, S. 69- 83.

Loewenstein, Rudolph M., Psychoanalyse des Antisemitismus, Frankfurt (Main) 1971.

Löwenthal, Leo, Falsche Propheten. Studien zum Autoritarismus, Frankfurt (Main) 1990.

López, Gerado R./ Parker, Laurence, Interrogating Rascim in Qualitative Research Methodolgy, New York 2003.

Luhmann, Niklas, Gesellschaftliche Struktur und semantische Tradition, in: Gesellschaftsstruktur und Semantik. Studien zur Wissenssoziologie der modernen Gesellschaft, Bd. 1., S. 9- 71.

Marcuse, Herbert, Das Veralten der Psychoanalyse, in: Ders., Kulturkritik und Gesellschaft II, Frankfurt (Main) 1965, S. 85- 106.

Mayring, Philipp, Einführung in die qualitative Sozialforschung, München 1990.

Merten, Klaus, Inhaltsanalyse. Einführung in Theorie, Methode und Praxis, Opladen 1995.

Mertens, Lothar, Staatlich propagierter Antizionismus. Das Israelbild der DDR, in: Benz, Wolfgang (Hg.), Jahrbuch für Antisemitismusforschung 2, Frankfurt (Main)/ New York 1992, S. 139- 153.

Mosse, George L., Die Geschichte des Rassismus in Europa, Frankfurt (Main) 2006.

Naumann, Michael (Hg.), „Es muss doch in diesem Lande wieder möglich sein…“. Der neue Antisemitismus-Streit, München 2002.

Obermann, Heiko A., Wurzeln des Antisemitismus. Christenangst und Judenplage im Zeitalter von Humanismus und Reformation, Berlin 1983.

Oevermann, Ulrich, Fallrekonstruktion und Strukturgeneralisierung als Beitrag der objektiven Hermeneutik soziologisch-strukturtheoretischen Analyse, Frankfurt (Main) 1981.

Oesterreich ,Detlef, Autoritäre Persönlichkeit und Sozialisation im Elternhaus. Theoretische Überlegungen und empirische Ergebnisse, in: Rippl, Susanne/ Seipel, Christian/ Kindvater, Angela (Hg.), Autoritarismus. Kontroversen und Ansätze der aktuellen Autoritarismusforschung, Opladen 2000, S. 69- 90.

Oesterreich, Detlef, Flucht in die Sicherheit, Opladen 1996.

Paxton, Robert O., Die fünf Stadien des Faschismus, in Mittelweg 36 1/2007, S.55- 80.

Pollock, Friedrich, Gruppenexperiment. Ein Studienbericht, Frankfurt (Main) 1955.

Prantl, Heribert, Juden in Kollektivhaft, in: Naumann, Michael (Hg.), „Es muss doch in diesem Lande wieder möglich sein…". Der neue Antisemitismus- Streit, München 2002, S. 53- 55.

Quadfasel, Lars, Für das Gute, gegen die Juden, in: Initiative Antisemitismuskritik, Israel in deutschen Wohnzimmern. Realität und antisemitische Wahrnehmungsmuster des Nahostkonflikts, Stuttgart 2005, S. 162- 213.

Radonic, Ljiljana, Die friedfertige Antisemitin?. Kritische Theorie über Geschlechterverhältnis und Antisemitismus, Frankfurt (Main) 2000.

Radonic; Ljiljana, Psychopathologie der Normalität. Die Bedeutung der Psychoanalyse für die Kritische Theorie, in: Grigat; Stephan (Hg.), Feindaufklärung und Reeducation. Kritische Theorie gegen Postnazismus und Islamismus, Freiburg 2006, S. 79- 98.

Reich, Wilhelm, Die Massenpsychologie des Faschismus, Köln 1986.

Rensmann, Lars, Demokratie und Judenbild. Antisemitismus in der politischen Kultur der Bundesrepublik Deutschland, Wiesbaden 2005.

Rensmann, Lars, Enthauptung der Medusa, Zur diskurshistorischen Rekonstruktion der Walser-Debatte im Licht politischer Psychologie, in: Brumlik, Micha/ Funke, Hajo/ Rensmann, Lars, Entschädigungspolitik, Erinnerungsabwehr und Motive des sekundären Antisemitismus, in: Surmann,

Rolf (Hg.), Das Finkelstein-Alibi. „Holocaust-Industrie“ und Tätergesellschaft, Köln 2001, S. 126- 153.

Rensmann, Lars, Umkämpftes Vergessen. Walser-Debatte, Holocaust-Mahnmal und neuer deutsche Geschichtspolitik, Berlin 2004, S. 30- 128.

Rensmann, Lars, Kritische Theorie über den Antisemitismus. Studien zu Struktur, Erklärungspotential und Aktualität, Hamburg 1998.

Riebe, Jan, Im Spannungsfeld von Rassismus und Antisemitismus. Das Verhältnis der deutschen extremen Rechten zu islamistischen Gruppen, Marburg 2006.

Ritsert, Jürgen, Ideologiekritik und Inhaltsanalyse, in: Ders., Inhaltsanalyse und Ideologiekritik, Frankfurt (Main) 1972, S. 98- 116.

Ritsert, Jürgen, Methode und methodische Bemühungen um Triftigkeit, in: Ders., Inhaltsanalyse und Ideologiekritik, Frankfurt (Main) 1972, S. 45- 76.

Ritsert, Jürgen, Qualitative und Quantitative Inhaltsanalyse, in: Ders. Inhaltsanalyse und Ideologiekritik, Frankfurt (Main) 1972, S. 14- 31.

Vogd, Werner, Systemtheorie und rekonstruktive Sozialforschung. Eine empirische Versöhnung unterschiedlicher theoretischer Perspektiven, Opladen 2005.

Volkov, Shulamit, Antisemitismus als kultureller Code, München 2000.

Schatz, Holger/ Woeldike, Andrea, Freiheit und Wahn deutscher Arbeit. Zur historischen Aktualität einer folgenreichen antisemitischen Projektion, Hamburg/Münster 2001.

Scheit, Gerhard, Mitmachen oder Dagegensein?. Zum Verhältnis von Kritik und Identifikation, in: Stephan Grigat (Hg.), Feindaufklärung und Reeducation. Kritische Theorie gegen Postnazismus und Islamismus, Freiburg 2006, S. 201- 219.

Simmel, Ernst, Einleitung, in: Ders. (Hg.), Antisemitismus, Frankfurt (Main) 2002, S. 12- 19

Spühlbeck, Susanne, Ordnung und Angst. Russische Juden aus der Sicht eines ostdeutschen Dorfes nach der Wende. Eine ethnologische Studie, Frankfurt (Main)/ New York 1997.

Stein, Eva, Subjektive Vernunft und Antisemitismus bei Horkheimer und Adorno, Oldenburg 2002.

Steinweis, Alan E., Studying the Jew. Scholarly Antisemitism in Nazi Germany, Cambridge/ London 2006.

Vobruba, Georg, Studierende als transitorische Intellektuelle, in: Soziologie, 1/08, S. 27-40.

Von Braun, Christina, Der Körper des ,Juden' und des ,Ariers' im Nationalsozialismus, in: AG GENDER-KILLER (Hg.), Antisemitismus und Geschlecht. Von ,maskulinisierten Jüdinnen', ,effiminierten Juden' und anderen Geschlechterbildern, Münster 2005, S. 68- 80.

Wagner, Hans, Medien-Tabus und Kommunikationsverbote. Die manipulierte Wirklichkeit, München 1991.

Wildt, Michael, „Gemeinnutz geht vor Eigennutz". Ein kurzer Nachtrag zur Hohmann-Rede, in: Mittelweg 36, 01/2004, S. 88- 92.

Wildt, Michael, Volksgemeinschaft als Selbstermächtigung. Gewalt gegen Juden in der deutschen Provinz 1919 bis 1939, Hamburg 2007.

Wippermann, Wolfgang, Faschismustheorien. Die Entwicklung der Diskussion von den Anfängen bis heute, Darmstadt 1997.

Wistrich, Robert S., Der alte Antisemitismus in neuem Gewand, in: Rabinovici, Doron/ Speck, Ulrich/ Szaider, Natan (Hg.), Neuer Antisemitismus? Eine globale Debatte, Frankfurt (Main) 2004, S. 250- 270.

Internetpräsenz
http://www.heise.de/tp/r4/artikel/15/15981/1.html, Stand 1. September 2007.

***ibidem*-Verlag**

Melchiorstr. 15

D-70439 Stuttgart

info@ibidem-verlag.de

www.ibidem-verlag.de
www.ibidem.eu
www.edition-noema.de
www.autorenbetreuung.de

Zeitfracht Medien GmbH
Ferdinand-Jühlke-Straße 7
99095 Erfurt, Deutschland
produktsicherheit@kolibri360.de